비타민 이야기

우리 몸에 필요한 영양소들

차례

Contents

영양소란 무엇인가

우리 몸의 성장과 건강 유지 등 정상적인 생리기능을 발휘하기 위해 꼭 섭취해야 하는 영양소는 크게 다섯 가지가 있다. 단백질, 탄수화물, 지방, 비타민, 미네랄을 일컬어 '5대 영양소(five major nutrients)'라고 하며, 단백질, 탄수화물, 지방은 우리 몸의 구성성분이 되고 열량을 공급하는 가장 기본적인 영양소기 때문에 '3대 영양소'로 따로 일컫기도 한다.

이 가운데 탄수화물은 단기 에너지원이기 때문에 힘을 내는 데 쓰이고, 단백질과 지방은 성장이나 발육, 에너지 저장에 주력한다.

비타민과 미네랄은 3대 영양소만큼 많은 양이 필요한 것은 아니지만, 적은 양으로도 신체 기능을 정상으로 조절하기 때문에 우리에게 꼭 필요한 영양소다.

비타민의 역할

비타민이란 단어는 라틴어로 '생명'이라는 뜻의 'Vita'와 질소를 포함한 유기화합물인 'Amine(아민)'을 합성한 것에서 유래하였다. 이후 모든 비타민이 아민을 함유하는 것은 아니라는 사실이 밝혀져 'Vitamine'과 'Vitamin'이 혼용되고 있다.

비타민은 우리 몸에서 합성되지 않거나 합성되더라도 충분한 양을 만들지 못하기 때문에 음식이나 영양제로 섭취해야 한다. 비타민은 신진대사에 활력을 주며, 체내에서 효소 내지는 보조효소로 작용하고 있다. 따라서 우리 몸이 원활하게 작동하고 유지할 수 있도록 각종 메커니즘을 정상적으로 운용하는 데 필수다.

3대 영양소는 자동차로 비유하면 주행을 위한 원료와 엔진이고, 비타민은 각종 오일이나 점화플러그 등 부수적이지만 없어서는 안 될 필수품들이다. 지금까지 알려진 비타민의 종류는 밝혀진 순서에 따라 알파벳순으로 비타민A, B, C, D, E, F, G, H, K, L, M, P, T, U 등 14종에 이른다. 이외에도 앞으로 더 많은 비타민이 계속해서 밝혀질 가능성이 존재한다.

미네랄의 역할

생물체를 구성하는 원소는 탄소, 수소, 산소가 기본인데 탄소를 포함한 화합물은 '유기물', 탄소를 포함하지 않는 화합물은 '무기물'이라고 한다. 탄소를 지닌 유기물인 탄수화물, 단백질, 지방, 비타민과 구분하여 탄소가 없는 영양물질을 무기질, 즉 '미네랄(mineral)'이라고 부른다. 미네랄 역시 비타민과 더불어 우리 몸의 각종 생리활동에 관여하기 때문에 꼭 필요한 영양소다.

미네랄의 종류로는 칼슘(Ca), 마그네슘(Magnesium), 칼륨(K), 나트륨(Na), 철(I), 아연(Zn), 셀레늄(Se), 구리(Cu) 등 약 100여 가지 이상이 알려졌는데, 인체에 직접 작용하는 미네랄은 20여 개로 본다. 그중에서도 우리 몸에 필요한 미네랄 요구량이 얼마나에 따라 많은 양이 필요한 '다량 미네랄'과 적은 양이 필요한 '미량 미네랄'로 나눈다. 다량 미네랄의 종류로는 칼슘, 마그네슘, 칼륨, 나트륨 등이 있으며, 미량 미네랄의 종류는 철, 아연, 셀레늄, 구리 등이 대표적이다.

미네랄은 3대 영양소나 비타민과 비교해 상대적으로 적은 양이 필요하지만, 결코 우리 몸에 없어서는 안 될 존재다. 미네랄이 존재해야만 비타민이 일을 제대로 할 수 있기 때문이다. 비타민D 같은 일부 비타민은 체내에서 합성되기도 하지만, 미네랄은 우리 몸이 스스로 만들어 내지 못하기 때문에 외부로부터 섭취해야 한다.

영양제의 역할

우리는 음식을 통해서 에너지원이나 인체 조직의 구성이 되는 탄수화물, 단백질, 지방을 섭취한다. 따라서 비타민과 미네랄 역시 음식으로부터 얻는 것이 바람직하다. 하지만 식사를 제대로 하지 못하거나, 각종 질병에 시달리거나, 스트레스에 지속적으로 노출되거나, 육체적으로 무리하면 비타민과 미네랄은 심하게 고갈되기 때문에 이럴 때는 어떤 식으로든 보충하는 것이 좋다. 따라서 개인의 상황에 따라서 특정 혹은 여러 개의 영양소가 필요하다. 그중에서 인체에 가장 큰 영향을 끼치는 비타민과 미네랄 20여 개 정도가 일반적인 영양제 성분에 널리 쓰이고 있다.

얼마만큼 영양소를 섭취해야 할까?

사람마다 필요한 영양소는 각기 다르다. 각각의 영양소가 다른 특징과 역할을 갖고 있고, 우리 몸 역시 직업이나 체질, 병력 등이 다르기 때문에 특정 영양소가 많이 필요할 수도 또는 별로 필요하지 않을 수도 있다. 그리고 내게 필요한 영양소가 있다면 얼마만큼의 양을 먹어야 할지도 잘 따져봐야 한다. 영양소마다 내 몸에서 충분한 역할을 기대할 수 있는 함량이 다르기 때문이다. 최소한의 결핍을 막고 기본적인 몸 상태를 유지하기 위한 '권장섭취량(RNI, Recommended Nutrient Intake)', 상태 개선을 위한 '최적섭취량(ODI, Optimum Daily Intakes)', 인체 건강에 유해한 영향이 나타나지 않을 때까지 최대로 섭취하는 '상한섭취량(UL, Tolerable Upper Intakes Level)' 등 여러 가지 기준이 존재한다.

일반적이라면 영양소는 너무 많아서도 너무 적어서도 곤란하기 때문에 적절한 선에서 복용하는 것이 좋으며 최소나 최대 기준 역시 충분히 참고하는 것이 필요하다. 학자나 기관에 따라 여러 가지 기준이 있고 각각 제시하는 함량이 다르며 같은 영양소라 하더라도 나이나 체중에 따라 그 용량이 달라져야 할 것은 자명하다.

이 책에서는 보통 성인 남성을 기준으로 수치를 조정하고 단순화시키는 점을 밝힌다.

비타민의 이해

비타민은 인체에서 어떻게 흡수되느냐에 따라 물에 녹는 '수용성'과 지방에 녹는 '지용성'으로 분류한다. 우리 몸은 섭취한 물질을 4~6시간 간격으로 소변을 통해 배출하는데, 비타민B나 비타민C 같은 수용성 비타민은 몸에서 빨리 빠져나간다. 반면 비타민A, D, E 같은 지용성 비타민은 장이나 간, 지방세포 등에 24시간 정도 머무르거나 저장되는 특징이 있다. 따라서 비타민은 우리가 어떤 음식을 먹느냐, 몸의 상태가 어떠냐에 따라 각각 몸에서 필요한 곳으로 달리 흡수된다.

비타민A

비타민 중 가장 먼저 밝혀져서 A로 명명되었다. 비타민D, E와 더불어 대표적인 지용성 비타민이다. 눈과 피부 및 호흡기, 소화기 등의 조직을 형성하고 유지하는 데 중요한 역할을 담당한다. 면역체계의 기능을 원활히 하며 항산화 역할이 있다. 따라서 여드름치료제나 눈 영양제, 항산화제로 많이 사용된다. 비타민A가 부족하면 야맹증이나 안구건조증이 발생

할 가능성이 생긴다. 식품으로서는 간, 녹황색 채소, 우유, 계란에 풍부하다.

비타민A의 종류로는 레티놀(Retinol), 레티닐 팔미트산염(Retinyl palmitate=팔미틴산 레티놀), 레티닐 아세트산염(Retinyl acetate), 베타카로틴(Beta-carotene) 등이 있다. 권장섭취량은 2,000IU, 최적섭취량은 5,000IU, 상한섭취량은 10,000IU다. 비타민A의 종류에 따라 함량이 달라지므로 통일화를 위해 일반적인 단위인 mg 대신 IU(International Unit)라는 기준 단위로 측정한다.

비타민A를 과도하게 섭취하면 피부가 얇아지거나 건조해질 수 있으며 탈모, 구토 등이 발생한다. 특히 임산부는 비타민A를 하루에 10,000IU 이상 복용하면 기형아 발생 가능성이 높아지기 때문에 음식물로 섭취하는 양을 감안하여 5,000IU 이상 함유된 제품은 삼가야 한다. 마찬가지 이유로 임산부는 비타민A와 유사한 성분의 여드름 약 복용도 피해야 한다.

베타카로틴

지용성 비타민은 쉽게 배출되지 않고 몸에 축적된다고 하여 과량복용을 우려하는 경우가 있다. 그런데 지용성 비타민

인 비타민D와 E는 독성을 일으킬 가능성이 낮지만, 비타민A는 특별히 주의할 필요가 있다. 그래서 '베타카로틴'이라는 성분이 비타민A를 대체하는 추세다. 베타카로틴은 체내에 들어와서 비타민A로 전환되며, 비타민A에 비해 독성이 거의 없다.

우리 몸에서 산소는 꼭 필요하지만 변형된 산소, 즉 활성산소는 산화 반응을 일으켜 우리 몸에 나쁜 영향을 끼친다. 철이 공기에 접촉해서 녹이 스는 산화 반응을 일으키는 것처럼 우리 몸 역시 산화 반응으로 인해 만성병이나 암 등의 발생이 높아질 우려가 있다.

산화 반응을 막아주는 것이 항산화 역할이며 비타민A, C, E 세 가지와 아연, 크롬(Cr), 망간(Mn), 셀레늄, 구리 등이 대표적인 항산화 효과가 있다.

베타카로틴 역시 비타민A와 유사한 성분이므로 항산화 역할을 한다. 베타카로틴은 비타민A과 유사한 것으로 생각하면 되며, 필수영양소로 공식 인정되지는 않지만 보통 하루 15,000IU가 권장량이다. 베타카로틴 3개가

우리 몸에 들어올 때 비타민A 1개로 전환되므로, 비타민A의 양으로 감안하면 5,000IU를 섭취하는 것이 된다.

베타카로틴을 너무 과량으로 복용하면 일시적으로 피부가 노래질 수 있다. 흡연자의 경우는 베타카로틴을 산화시켜 오히려 폐암 등의 발병을 높일 수도 있다고 알려졌으니 주의해야 한다. 식품으로서는 당근, 시금치 등 녹황색 채소에 많이 포함되어 있다.

비타민B

다른 비타민과 달리 비타민B는 온전히 하나의 형태로만 이루어진 것은 아니며 B_1, B_2, B_3, B_5, B_6, B_9, B_{12} 등 비슷한 특성을 지닌 성분들을 아울러서 말한다. 직장에서 여러 팀원이 모여 하나의 부서를 이루면서 협업하는 것처럼 비타민B들 역시 서로 협동할 때 최적의 효과를 나타낸다. 따라서 종합영양제를 살펴보면 B_1, B_2 등 개별적인 제품이 나오기도 하지만 대부분 각각의 비타민B 종류들이 대여섯 가지 이상 복합적으로 들어 있으며, 비타민B는 다른 비타민에 비해 피로회복과 통증완화에 월등한 효과를 나타내기 때문에 별도로 비타민B 성분만 모아서 제품을 출시하는 경우도 많다.

비타민B는 비타민C와 더불어 가장 대표적인 수용성 비타

민으로 독성이 크지 않고 스트레스와 과로 등으로 소모되기 쉬워 현대 생활에서 요구량이 점점 많아지고 있으므로 계속해서 섭취기준이 상향되는 추세다. 권장섭취량과 최적섭취량 사이의 간극이 가장 큰 비타민의 종류기 때문에 일상생활에서 충분히 섭취하지 못하는 경우가 많다.

비타민B_1

비타민B는 피로를 가장 빨리 개선하는 비타민이며, 그중에서도 비타민B_1이 탁월한 효능이 있다. 피로회복을 위한 드링크나 알약은 대부분 비타민B_1이 포함되어 있을 정도다. 탄수화물의 대사 작용에 관여하여 에너지 생성을 돕고, 신경 기능을 정상으로 유지시켜준다. 비타민B_1이 결핍되면 신경에 이상이 생겨 통증과 부종을 동반하는 '각기병'이 발생할 가능성이 생긴다. 식품으로는 현미, 쌀겨, 생선, 돼지고기에 풍부하다.

비타민B_1의 종류로는 티아민(=치아민, Thiaminc. 이기에 어떤 염기가 붙느냐에 따라 염산티아민, 질산티아민 등의 이름이 있다), 푸르설티아민(Fursultiamine), 벤포티아민(Benfothiamine), 비스벤티아민(Bisbenthiamine) 등이 있다. 권장섭취량은 1.2mg, 최적섭취량은 100mg, 상한섭취량은 정해져 있지 않고 과도하게 섭취해도 큰 문제는 없는 것으로 알려졌다.

비타민B_2

피부와 밀접한 관련이 있다. 손발톱과 머리카락의 건강을 유지하며, 입안이나 입술, 혀의 상처를 경감한다. 스트레스와 두통의 완화에도 도움이 된다. 비타민B_2 자체가 색소 성질을 띠고 있기 때문에 영양제 복용 후 소변이 노래진다. 비타민B_2가 결핍되면 피부나 입안이 약해진다. 식품으로는 우유, 계란, 치즈, 콩류에 풍부하다.

비타민B_2의 종류로는 리보플라빈(Riboflavin), 낙산리보플라빈(Riboflavin butyrate), 테트라부티르산리보플라빈(Riboflavin tetrabutyrate) 등이 있다. 권장섭취량은 1.4mg, 최적섭취량은 100mg, 상한섭취량은 정해져 있지 않고 과도하게 섭취해도 큰 독성은 없다.

비타민B_3

비타민B_3은 신경계 기능을 정상으로 유지하며, 성호르몬을 합성하고 콜레스테롤 수치를 낮춘다.

비타민B_3 결핍시 펠라그라(Pellagra)라는 질병 가능성이 높아진다. 펠라그라는 옥수수를 주식으로 하거나 알코올 중독 시에 많이 생기는데, 에너지 대사에 문제가 생겨 신경계나 위장계에 손상을 일으킨다. 식품으로서는 생선, 계란, 간에 풍부하다.

비타민B_3의 종류로는 나이아신(Niacin=니코틴산, Nicotinic acid), 나이아신아미드(Niacinamide=니코틴산아미드, Nicotinamide) 두 종류가 있는데 나이아신아미드가 나이아신에 비해 더 안전하다고 보기 때문에 섭취량이 좀 더 많은 편에 속한다. 권장섭취량은 15mg, 최적섭취량은 100mg, 상한섭취량은 나이아신은 35mg, 나이아신아미드는 1,000mg이다.

비타민B_3를 니코틴산이나 니코틴산아미드로 부르기도 하는데 담배에 포함된 니코틴과는 다르기 때문에 혼동을 피하기 위해 NIcotinic Acid vitamiN에서 대문자를 따서 나이아신이란 이름이 만들어졌다. 나이아신은 혈관을 확장하므로 복용 후 일시적으로 모세혈관이 넓어져 얼굴이 홍조를 띨 수 있으며, 통풍이나 당뇨 발생이 높아질 가능성이 있다. 따라서 의약품에는 대부분 나이아신 대신 나이아신아미드가 포함되는 추세다.

비타민B_5

비타민B_5은 신장 위에 위치하면서 호르몬을 분비하는 기관인 부신(副腎)이 적절한 기능을 할 수 있도록 돕는다. 부신에서는 아드레날린, 코르티솔, 에스트로겐 등 각종 호르몬을 생성하는데 이때 비타민이 필요하다. 스트레스를 계속해서 받으면 부신은 그에 대응하기 위해 호르몬을 끊임없이 생산해야 하는데 이 과정에서 비타민이 급속도로 소모된다. 이때 비타민B_5가 매우 중요하다. 또한 비타민B_5가 결핍되면 손발저림이 심해질 수 있다. 식품으로서는 고기류, 효모, 통밀 등에 풍부하다.

비타민B_5의 종류로는 판토텐산칼슘(Calcium Pantothenate), 판테놀(Panthenol) 등이 있다. 권장섭취량은 5mg, 최적섭취량은 100mg, 상한섭취량은 정해져 있지 않고 과도하게 섭취해도 큰 문제는 알려지지 않았다.

비타민B_6

비타민B_6는 비타민B_1과 더불어 신경 기능을 정상적으로 유지한다. 메스꺼움을 완화하므로 마시는 형태의 멀미약에 배합되는 경우가 많다. 적절한 면역기능과 적혈구 형성에 관여한다. 비타민B_6 결핍 시 빈혈과 피부염, 우울증을 일으킬 수 있다.

피임약을 장기간 복용하거나 술을 자주 마시는 경우 체내 비타민B_6를 고갈시키므로 따로 보충해야 한다. 비타민B_6 복용이 여성의 생리전증후군 개선에 도움이 된다고 알려졌다. 식품으로는 양배추, 효모, 계란, 콩 등에 풍부하다.

비타민B_6의 종류로는 피리독신(Pyridoxine), 피리독살(Pyridoxal) 등이 있다. 권장섭취량은 1.5mg, 최적섭취량과 상한섭취량은 100mg이며, 만일 몇 달 동안 2g 이상을 복용했다면 신경에 손상을 일으킬 수 있다. 파킨슨씨병 환자 중 레보도파라는 약물을 복용하는 경우라면 비타민B_6가 약을 분해하기 때문에 금기된다.

비타민B_7

바이오틴이라는 이름으로 알려진 비타민B_7은 비타민H로 불리기도 하지만 비타민B의 일원에 속한다. 피부를 뜻하는 독일어인 'Haut'에서 비타민H라는 명칭이 유래하였고 건강한 피부, 손발톱, 모발을 유지하는 데 관여한다. 결핍 시 탈모, 피부염, 습진, 우울증 등이 유발될 수 있다. 식품으로는 계란 노른자, 효모에 풍부하다.

권장섭취량은 30mcg, 최적섭취량은 400mcg, 상한섭취량은 정해지지 않았다. 과량 복용 시에 대한 독성은 알려지지 않았다.

계란을 먹을 때 흰자만 먹는다면 흰자에 포함된 아비딘이라는 단백질이 바이오틴의 흡수를 억제하므로 바이오틴이 결핍될 수 있다.

비타민B_9

엽산(=폴산, Folic acid)이라는 이름으로 더 알려졌다. 비타민M으로 불리기도 하지만 비타민B의 일원에 속한다. 태아의 신경세포 형성에 매우 중요하므로 임신 초기에 꼭 필요한 영양소다. 비타민B_9은 적혈구 형성에 관여하기 때문에 빈혈 예방을 위해 철분제에 포함하는 경우가 많다. 우리 몸의 세포가 분열하려면 핵산이라는 영양소가 매우 중요한 역할을 하는데, 핵산에는 DNA와 RNA 두 종류가 있다. 엽산은 이 DNA와 RNA를 합성하는 데 꼭 필요한 영양소다. 그리고 엽산은 비타민B_6, 비타민B_{12}와 더불어 치매나 성인병 등을 일으키는 호모시스테인(homocysteine)이란 독성물질을 낮추는 역할을 한다. 엽산이 결핍되면

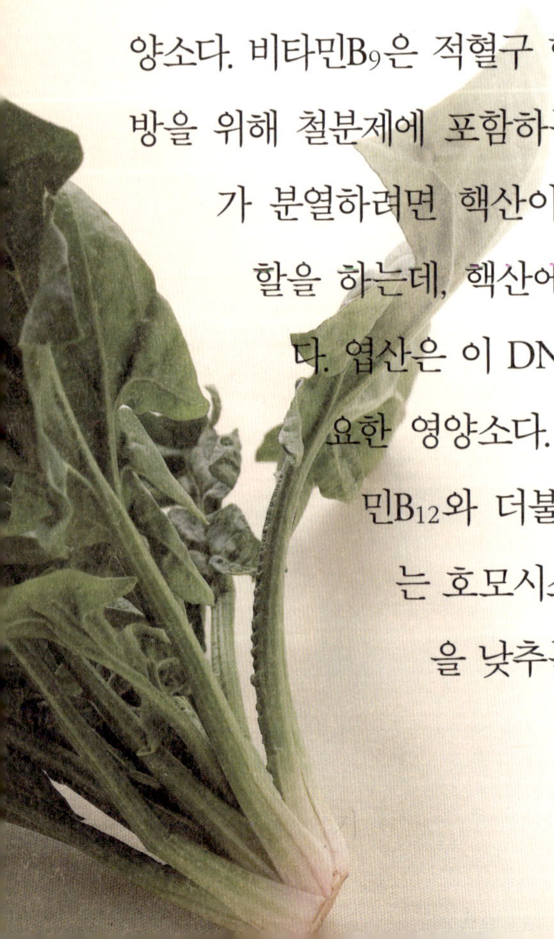

빈혈이 유발되고, 임신 초기에 적절한 양을 복용하지 않으면 기형아 출산 가능성이 높아진다. 식품으로는 녹색 채소, 현미에 풍부하다.

비타민B_9의 종류로는 엽산 및 폴리네이트칼슘(Calcium Folinate) 등이 있다. 권장섭취량은 400mcg(마이크로그램, mcg=μg), 최적섭취량은 800mcg, 상한섭취량은 1,000mcg다. 특별한 독성은 없으나 피부에 알레르기 반응이 일어날 수 있고, 과다하게 섭취할 경우 비타민B_{12} 부족으로 인해서 생긴 빈혈의 증상을 가려버릴 수 있다.

비타민B_{12}

비타민B_1, 비타민B_6와 더불어 신경 기능을 정상으로 유지한다. 적혈구 형성에 관여하고 철분 활용에 쓰이므로 빈혈을 예방하거나 치료할 목적으로 철분제에 포함하는 경우가 있다. 비타민B_{12}를 음식으로 섭취할 때 '메티오닌(Methionine)'이라는 아미노산(단백질을 구성하는 단위)이 제대로 분해되지 않으면 독성물질인 호모시스테인이 생길 수 있다. 이때 엽산, 비타민B_6와 더불어 비타민B_{12}가 호모시스테인을 줄이는데 지대한 역할을 한다. 따라서 고기를 지나치게 많이 먹는 사람이라면 이 성분이 복합된 제품을 복용할 필요가 있다. 비타민B_{12}가 결핍되면 신경장애나 빈혈이 나타날 수 있다. 생선, 계란, 우유 등 동물성 식품에만 비타민B_{12}가 존재하므로 채식주의자 역시 제품을 통해 따로 보충해주는 것이 좋다.

비타민B_{12}의 종류로는 시아노코발라민(Cyanocobalamine), 하이드록시코발라민(Hydroxycobalamin), 메코발라민(Mecobalamin) 등이 있다. 권장섭취량은 2.4mcg, 최적섭취량은 100mcg다. 상한섭취량은 정해져 있지 않고 과도하게 섭취해도 큰 문제는 알려지지 않다.

콜린 및 이노시톨

콜린(Choline)과 이노시톨은 비타민B의 일원에 속하는데 아직 우리나라에서는 중요하게 생각하지 않아 권장섭취량도 제시되지 않고 있다. 국내에서는 이 성분들을 포함하는 종합영양제가 거의 없는 반면 외국에서는 점점 종합영양제의 필수영양소로 취급하고 있다.

콜린과 이노시톨은 두뇌의 세포막 구성 성분이 되는 레시틴(Lecithin)을 합성하는 데 필수 원료기 때문에 두뇌 활동을 활발히 하고 기억을 돕는 데 중요한 역할을 담당한다. 이 두 성분이 결핍되는 일은 별로 없으며, 콜린은 계란 노른자에, 이노시톨은 효모나 콩류에 풍부하다.

콜린과 이노시톨의 최적섭취량은 각각 100mg에서 1,000mg 정도로 기준이 다양하며, 콜린의 상한섭취량은 3,000mg이다.

비타민C

비타민 중에서 가장 잘 알려진 종류는 단연 비타민C다. 비타민C는 비타민A, E와 더불어 항산화작용을 하는 대표 영양소로, 각종 감염과 암에 대해 저항할 수 있는 면역력을 활성화하는 수용성 비타민이다. 또한 비타민C는 세포, 피부, 잇몸과 치아, 혈관, 뼈 등 우리 몸의 조직을 구성하는 데 필수 성분인 콜라겐(collagen) 형성에 관여한다.

비타민C는 가장 많이 소모되는 영양소에 속하는데, 흡연과 음주, 진통제나 피임약 등 많은 약물이 비타민C를 감소시킨다. 비타민C가 결핍되면 출혈, 피로 등의 증상을 수반하는 괴혈병이 나타날 수 있다. 비타민C는 감귤, 딸기, 피망 등 과일과 녹색 채소에 풍부하다.

비타민C는 아스코르빈산(Ascorbic Acid)이라고 부른다. 즉 이 자체가 산성을 띠는 성분이므로 특유의 신맛이 있으며, 과다 복용시 위장에 부담을 줄 가능성이 있다. 권장섭취량이나 최적섭취량의 기준을 초과 복용하는 비타민C 대량요법이 대중적으로 알려졌는데, 이때는 가급적 알약보다는 분말로 된 제품을 선택하는 것이 좋다. 알약으로 복용하는 경우 약의 모양을 만들기 위해 들어가는 각종 부재료까지 덩달아 섭취하게 되고 알약이 녹는 과정에서 위상에 사극을 일으킬

수도 있기 때문이다.

비타민C의 권장섭취량은 100mg, 상한섭취량은 2,000mg다. 학자나 기관에 따라 제시하는 양이 다를 수 있지만 보통 최적섭취량은 2,000~3,000mg으로 상한섭취량을 넘어서는 특이한 경우가 발생한다. 하루 5,000mg~10,000mg을 사용하는 대량요법은 반드시 전문가와 상의 후 결정해야 한다.

비타민D

비타민D는 지용성 비타민에 속하며, 햇볕을 쬐면 피부에서 합성된다고 하여 영양제 등으로 인한 인위적인 보충이 굳이 필요 없다고 알려졌다. 하지만 우리는 대부분 야외활동보다 실내 활동을 많이 하고 있고, 스모그 등 오염된 환경에 노출되어 있으며, 지리적으로 북위 35도 이상의 지역이라 위치상 햇빛에 노출되는 시간이 짧기 때문에 실제로는 비타민D를 충분하게 얻을 수 없이 비타민D 보충에 대한 필요성이 대두되고 있다.

비타민D는 칼슘 흡수와 불가분의 관계므로 뼈와 치아 형성에 중요하다. 아이들은 비타민D가 결핍되면 머리, 가슴, 팔다리뼈가 변형되거나 성장 장애를 일으키는 구루병 발생 확

률이 높아지며, 노인이나 여성은 골다공증 위험에 노출된다. 비타민D는 유제품, 생선 간유, 연어 등에 풍부하며, 가끔 맨살로 난시간 동안 일광욕을 하는 것이 좋다.

비타민D의 종류로는 알파칼시돌(Alfacalcidol), 칼시트리올(Calcitriol), 칼시페디올(Calcifediol), 에르고칼시페롤(Ergocalciferol), 콜레칼시페롤(Cholecalciferol) 등 여러 가지가 있다. 비타민D의 단위는 mg 대신 IU가 더 많이 사용되고, 1mcg당 40IU의 효능을 지니고 있다.

권장섭취량은 200~400IU, 최적섭취량은 400~800IU, 상한섭취량은 2,400IU다.

비타민E

비타민E는 지용성 비타민에 속하며, 필수 지방산의 산화를 막는 항산화 역할을 한다. 필수 지방산은 세포막 구성 성분인데, 지방이 산화되면 세포 역시 손상될 우려가 높아진다. 비타민E는 혈관을 확장시키므로 혈액의 원활한 순환과도 깊은 관련이 있다. 정자 생성에 관여하고 임신 여성의 유산을 방지하는 효과가 있다. 비타민E가 결핍되면 세포 손상, 성기능 장애, 빈혈 등의 가능성이 높아진다. 비타민E는 식물성

종류	기능
비타민A	어두운 곳에서 시각 적응을 위해 필요 피부와 점막 형성과 기능 유지 상피세포의 성장과 발달
베타카로틴	어두운 곳에서 시각 적응을 위해 필요 피부와 점막을 형성과 기능 유지 상피세포의 성장과 발달
비타민B_1	탄수화물과 에너지 대사에 필요
비타민B_2	체내 에너지 생성
나이아신	체내 에너지 생성
판토텐산	지방, 탄수화물, 단백질 대사와 에너지 생성에 필요
비타민B_6	단백질 및 아미노산 이용에 필요 혈액의 호모시스테인 수준을 정상으로 유지
엽산	세포와 혈액 생성 태아 신경관의 정상 발달 혈액의 호모시스테인 수준을 정상으로 유지
비타민B_{12}	정상적인 엽산 대사에 필요
바이오틴	지방, 탄수화물, 단백질 대사와 에너지 생성에 필요
비타민C	결합조직 형성과 기능 유지 철 흡수 유해산소로부터 세포를 보호
비타민D	칼슘과 인이 흡수되고 이용되는데 필요 뼈의 형성과 유지에 필요 골다공증 발생 위험 감소
비타민E	유해산소로부터 세포를 보호
비타민K	정상적인 혈액응고에 필요 뼈 구성

비타민의 종류와 기능

기름, 견과류, 콩, 계란, 녹색 채소에 풍부하다.

비타민E의 명칭은 토코페롤(Tocopherol)로 알려졌다. 권장섭취량은 10mg, 최적섭취량은 600mg, 상한섭취량은 1,000mg이다. 비타민E는 혈소판이 굳는 것을 억제하는 항응고제 효과가 있어 수술 후 일정 기간은 복용을 피해야 한다.

비타민K와 비타민P

비타민K는 지용성 비타민에 속하며 혈액이 응고하는 데 관여한다. 녹색 채소에 풍부하며 권장섭취량은 70mcg, 최적섭취량은 90mcg이다. 상한섭취량은 정해지지 않았다.

비타민P는 수용성 비타민에 속하며 비타민C 흡수를 돕는다. 감귤류, 메밀, 살구 등에 풍부하며 섭취량에 대한 특별한 기준은 없다.

미네랄의 이해

미네랄은 흙과 물에 존재하는 영양소다. 따라서 식물은 흙을 통해 미네랄을 흡수하고, 초식동물은 식물을 통해 미네랄을 얻으며, 사람 역시 식물과 동물을 통해 미네랄을 섭취한다. 미네랄은 뼈나 치아 등의 골격이나 근육 같은 신체 조직을 형성하고, 세포 기능과 구조를 유지하며, 각종 대사 과정에서 보조효소의 작용을 담당한다. 각각의 미네랄은 서로 협력 작용을 하기 때문에 어느 하나라도 부족하면 상호 균형이 깨져 건강에 문제를 일으킬 수 있다.

1일 100mg 이상 섭취하는 미네랄을 '다량 미네랄'이라고 하며 칼슘, 마그네슘, 칼륨, 나트륨, 인(P), 염소(Cl) 등이 있다.

또한 1일 100mg 미만으로 섭취하는 미네랄을 '미량 미네랄'이라고 하며 철분, 아연, 망간, 크롬, 구리, 셀레늄 등이 있다.

칼슘

칼슘은 인체에서 가장 많이 존재하며, 동시에 가장 부족하기 쉬운 미네랄이다. 칼슘은 99% 이상 뼈와 치아를 형성하며, 나머지 1%는 근육 등의 조직에 존재한다. 칼슘은 여러 가지 영양소와 결합할 때 최적의 작용을 한다. 칼슘 2개에 인 1개가 결합하여 뼈를 만들며, 비타민D가 충분해야 체내에 흡수된다. 마그네슘과 협력하여 심장과 근육에 작용한다. 칼슘이 부족하면 골다공증, 구루병, 골연화증, 신경과민, 근육 경련 등이 발생할 가능성이 높아진다. 인이 다량으로 함유된 패스트푸드나 탄산음료를 많이 먹으면 칼슘과 인의 비율을 맞추기 위해 칼슘의 요구량이 증가하므로 체내에 있는 칼슘

이 소모되고 결핍될 우려가 있다. 식품으로서는 우유, 유제품, 치즈, 콩, 견과류, 연어에 풍부하다.

칼슘의 종류는 구연산칼슘(Calcium citrate), 글루콘산칼슘(Calcium gluconate), 젖산칼슘(Calcium lactate), 탄산칼슘(Calcium carbonate) 황산칼슘(Calcium sulfate) 등 여러 가지가 있다. 주의할 것은 어떤 종류의 칼슘이냐에 따라 칼슘 함량과 흡수율이 각기 다르다는 것이다. 예를 들어 탄산칼슘에 들어 있는 순수한 칼슘은 40% 정도인데, 탄산칼슘이 500mg 포함된 제품이라면 실제적인 칼슘의 양은 200mg 정도다.

칼슘의 권장섭취량은 700mg, 최적섭취량은 1,500mg, 상한섭취량은 2,500mg이다.

마그네슘

마그네슘은 우리 몸에서 일어나는 각종 대사반응에 관여하며 효소반응을 활발히 하는 데 필수 영양소다. 칼슘과 함

께 작용하여 뼈와 치아의 구성에 중요한 역할을 담당한다. 또한 신경과 근육의 기능을 정상적으로 유지하는 데 필요하다. 마그네슘은 천연 안정제 역할을 하며, 스트레스를 해소시키는 데 중요한 일익을 담당한다. 또한 월경전증후군을 완화하는 데 널리 쓰이며, 비타민B의 이용에 관여하므로 부신피로에 사용될 수 있다. 속쓰림과 변비를 완화해주므로 위장약이나 변비약에 포함되는 경우가 많다. 대신 지나치게 복용하면 설사를 유발할 수 있다.

마그네슘이 결핍되면 근육 경련을 유발할 수 있기 때문에 잦은 경련이나 쥐내림에 마그네슘 보충이 도움 되는 경우가 많다. 또한 결핍시 우울감이나 심장질환, 당뇨병과 연관될 수 있다. 식품으로서는 견과류, 씨앗, 녹색 채소에 풍부하다.

마그네슘의 종류로는 산화마그네슘(Magnesium oxide), 수산화마그네슘(Magnesium hydroxide), 염화마그네슘(Magnesium chloride), 글루콘산마그네슘(Magnesium gluconate), 탄산마그네슘(Magnesium carbonate) 등이 있다.

칼슘만 지나치게 섭취하는 경우 마그네슘 흡수가 저하되므로 칼슘과 마그네슘 비율을 2 : 1로 맞춘 제품의 흡수율이 뛰어나다. 마그네슘의 권장섭취량은 350mg, 최적섭취량과 상한섭취량은 400~500mg 정도다.

나트륨

나트륨은 소금의 주성분으로 소듐(Sodium)으로도 불린다. 나트륨은 정상적인 세포를 유지하는 데 필수며, 신경과 근육이 원활히 작동할 수 있게 하고 체액의 산과 알칼리가 균형을 이루는 데 중요한 역할을 한다. 만약 땀을 지나치게 흘리거나 설사, 구토 등으로 나트륨의 양이 감소하면 탈진이 일어나거나 혈압이 떨어진다.

우리나라 사람에게 나트륨이 결핍되는 일은 거의 없다. 오히려 지나치게 많이 섭취해서 문제가 발생한다. 세계보건기구(WHO)에서 제시한 나트륨 일일 섭취 최대 권고량은 2,000mg이지만, 한국인의 평균 섭취량은 5,000~6,000mg으로 2~3배 이상 과다 섭취하고 있다. 나트륨은 삼투압 작용과 관계가 있으므로 혈액 내에서 수분을 끌어당긴다.

따라서 시나치게 나트륨을 많이 섭취하면 혈액의 부피가 커져서 고혈압의 원인이 되며, 혈관 벽이 약해져서 심근경색과 뇌졸중 등을 유발할 가능성이 높아진다. 또한 몸이 붓고 신장에 무리를 주게 된다.

칼륨

칼륨은 포타슘(potassium)으로도 부르며 나트륨과 밀접한 관계가 있다. 칼륨은 세포 안에서, 나트륨은 세포 밖에서 적절히 작용해 균형을 이뤄야 하지만 나트륨을 지나치게 많이 먹게 되면 칼륨이 결핍되고 신경과 근육의 기능이 떨어진다. 그래서 짠 음식을 많이 먹는 한국인은 칼륨이 결핍될 가능성이 높다.

칼륨이 많이 포함된 식품으로는 감귤류 등의 과일, 녹색 채소, 바나나, 통곡류 등이 있다. 칼륨의 권상섭취량은 3,500mg이다.

철

헤모글로빈의 구성성분인 철분은 혈액을 생성하는 데 반드시 필요하고 생명 유지에 꼭 필요한 미네랄이다. 적절한 철

분이 공급되어야 제대로 성장할 수 있으며 여러 효소의 보조 인자로 작용해서 에너지를 생성하고 피로를 개선한다.

빈혈이나 월경, 수술 등으로 인하여 부족해지기 쉬운 미네랄이지만 한꺼번에 너무 많이 섭취하거나 장기간 복용하면 몸 안에 축적될 가능성이 있기 때문에 외국에서는 의약품에 별도 표기로 철분의 유무를 강조하는 편이다. 식품으로서는 돼지고기, 쇠고기, 닭고기 등 육류에 풍부하다.

철분의 종류는 구연산철(Ferric citrate), 글루콘산철(Ferrous gluconate), 인산철(Ferric phosphate), 젖산철(Ferrous lactate), 푸마르산제일철(Ferrous fumarate), 피로인산제이철(Ferric pyrophosphate), 황산제일철(Ferrous sulphate), 헴철(Heme iron) 등이 있다.

철분의 권장섭취량은 12mg이지만 임신, 빈혈 유무 등 개인별로 필요한 양이 다르기 때문에 따로 최적섭취량과 상한 섭취량을 정하기 어렵다. 복통이나 변비 등 위장장애가 가장 빈번한 미네랄이다.

셀레늄

셀레늄은 아연, 구리, 크롬, 망간 등과 함께 항산화 역할을 하는 미네랄로, 암을 예방하는 효과가 있다. 또한 갑상선호르몬과 성호르몬 형성에 필수 영양소다. 셀레늄이 결핍되면 드물지만 성 기능 감퇴 및 케샨병이 발생한다. 케샨병은 셀레늄이 부족한 토양에 사는 사람들에게 나타나는 풍토병으로 심장 기능에 이상이 나타난다. 또한 비듬 예방과 치료에 도움이 되며 남성에게는 전립선질환, 여성에게는 폐경기의 불편함을 완화해주는 효과도 있다. 식품으로서는 해산물, 브로콜리, 마늘, 현미에 풍부하다.

구연산셀레늄(Selenium citrate), 피콜린산셀레늄(Selenium picolate), 셀레노메티오닌(Selenomethionie) 등의 종류가 있다. 권장섭취량은 55mcg, 최적섭취량은 200mcg, 상한섭취량은 400mcg이다. 과다하게 섭취하면 위장장애가 발생하거나 피부가 노래질 가능성이 있다.

아연

항산화 역할을 하는 미네랄이다. 성장호르몬, 식욕호르몬, 성호르몬 등 각종 호르몬 생성에 중요한 역할을 한다. 따라서 아연이 결핍되면 성장부진, 식욕감퇴, 불임 등의 가능성이 높아진다. 또한 손톱에 하얀 반점이 나타나기도 한다.

식품으로서는 해산물, 효모, 계란에 풍부하며 굴은 최고의 아연 공급원이다.

아연의 종류로는 글루콘산아연(Zinc gluconate), 산화아연

(Zinc oxide), 염화아연(Zinc chloride), 초산아연(Zinc acetate), 탄산아연(Zinc carbonate), 황산아연(Zinc sulphate) 등이 있다. 아연의 권장섭취량은 8.5mg, 상한섭취량은 40mg이며, 권장섭취량은 30~50mg이다.

철분이나 칼슘, 섬유질을 동시에 복용하면 아연의 흡수율이 떨어진다. 또한 지나치게 많은 양을 복용하면 위장장애가 일어나고, 구리의 흡수를 방해하며, 면역기능을 저하시킨다.

구리

동(銅)이라고도 하며 항산화 역할을 하는 미네랄이다. 철분의 흡수를 돕는 역할을 한다. 동파이프를 통과하는 수돗물을 마시거나 구리 냄비에 음식을 하는 경우가 많아 구리가 결핍되는 일은 거의 없다. 해산물과 콩에 풍부하다.

구리의 종류로는 글루콘산동망간(Cupric gluconate), 황산동(Cupric sulphatc) 등이 있다. 권장섭취량은 0.8mg, 최적섭취량은 3mg, 상한섭취량은 10mg이다.

아연과 구리는 서로 흡수를 방해한다. 따라서 아연을 지나치게 섭취할 경우 구리가 결핍될 가능성이 생기며, 반대로 아연 결핍시 구리의 흡수율은 증가한다. 구리가 과잉되면 류머티스성 관절염을 악화시키거나 산후우울증을 유발할 수 있다.

망간

셀레늄, 아연처럼 항산화 역할을 하는 미네랄이다. 뇌 기능을 적절히 유지하는 데 필요하다. 결핍시 관절통이나 운동실조(運動失調)가 나타날 수 있다. 식품으로서는 견과류, 씨앗류에 풍부하다.

망간의 종류로는 글루콘산망간(Manganese gluconate), 염화망간(Manganese chloride), 황산망간(Manganese sulphate), 구연산망간(Manganese citrate) 등이 있다. 권장섭취량은 3mg, 최적섭취량은 5mg, 상한섭취량은 11mg이다. 과다 섭취 시 큰 문제는 발견되지 않았다.

크롬

항산화 역할을 하는 미네랄로 포도당(Glucose) 대사에 필요하다. 단 음식이나 가공식품, 정제된 탄수화물을 지나치게 많이 섭취하는 경우 결핍될 수 있다. 당뇨병이 있거나 혈당(Blood sugar)이 높을 때 보충하면 도움이 된다. 아연이 크롬의 역할을 일정 부분 대체할 수 있다. 식품으로서는 곡류, 견과류, 버섯에 풍부하다.

권장섭취량은 50mcg, 최적섭취량은 200mcg이며, 상한섭취량은 정해져 있지 않다.

인

칼슘과 결합해서 뼈와 치아를 구성하며, 세포막의 주요 성분인 인지질을 만드는 데 사용된다. 핵산인 DNA와 RNA의 구성 성분이 되며, 각종 효소 시스템의 보조인자로 작용한다.

인이 결핍되면 골연화증, 뼈의 통증, 식욕 감퇴, 신장 기능 이상 등이 발생하는데, 우리가 먹는 자연식품에는 대부분 인이 포함되어 있으며 패스트푸드 등 가공식품 역시 인이 풍부하므로 결핍될 가능성은 거의 없다. 대신 칼슘과 인의 적절한 균형이 매우 중요하다. 칼슘과 인의 비율은 2 : 1이 가장 좋지만 대부분의 식품에는 칼슘에 비해 인의 함량이 높아 칼슘은 부족하고 인은 과잉될 우려가 많다. 결과적으로 비율을 맞추기 위해 뼈에 저장된 칼슘이 빠져나와 뼈가 약해질 우려가 생긴다. 권장 섭취량은 700mg인데 일부러 인을 찾아서 섭취할 필요는 없다.

요오드(Iodine)

갑상선호르몬을 합성하는 데 필수 미네랄이다. 갑상선은 각 세포에 산소를 공급해서 신진대사를 조절한다. 따라서 요오드가 부족하면 대사가 느려지고, 에너지 생성이 저하되며, 갑상선 기능저하나 갑상선종이 발생할 수 있다. 익히지 않은 양배추를 많이 먹으면 요오드가 결핍될 우려가 있다. 식품으로는 다시마, 미역 등 해조류에 풍부하다. 한국인은 해조류를 많이 섭취하므로 갑상선에 영향을 줄 가능성이 있다.

요오드의 종류로는 요오드화나트륨(Sodium iodide), 요오드화칼륨(Potassium iodide) 등이 있다. 권장섭취량은 150mcg, 충분섭취량은 200mcg, 상한섭취량은 2,400mcg이다.

염소

체내에서 산과 알칼리의 균형을 맞춘다. 나트륨, 칼륨과 결합하여 작용하며, 위액에서 염산의 구성성분이 되어 소화를 돕는다. 소금에는 나트륨과 염소가 결합하였고 수돗물을 염소로 소독하는 경우가 많으므로 인위적으로 보충할 필요는 없다. 권장섭취량은 2,300mg, 상한섭취량은 3,600mg이다.

몰리브덴(Molybdenum)

철분의 활용에 이용되며 빈혈을 예방한다. 녹색 채소에 풍부하다. 권장섭취량은 25mcg, 최적섭취량은 45mcg, 상한섭취량은 2,000mcg이다.

황(Sulfur)

유황이라고도 부르며 체내 불순물을 제거하고 관절 기능을 유지하는 데 필요하다. 소나무 등 천연재료에서 추출한 황을 유기유황이라고 하며, 관절 통증을 일으키는 원인에 작용하여 관절염치료에 사용한다. 단백질이 풍부한 식사를 하면 굳이 보충할 필요는 없다.

불소(Fluorine)

충치를 예방하며 뼈를 튼튼하게 한다. 충치 예방 목적으로 수돗물에 불소 처리를 하는 경우가 있다. 권장섭취량은 3mg, 상한섭취량은 10mg이다.

단백질의 이해

단백질은 우리 몸을 구성하는 가장 기본적인 요소로 근육, 혈관, 뼈, 장기, 피부, 모발, 손발톱 등 신체 조직을 이룬다. 탄수화물, 지방과 함께 우리 몸의 주요한 에너지원이며 각종 체내 대사에 필요하다. 단백질은 결코 없어서는 안 될 필수 영양소지만 실제 우리 몸에 필요한 것은 단백질 자체라기보다 단백질을 구성하는 단위인 '아미노산(Amino acid)'이다. 따라서 우리가 단백질을 섭취하면 아미노산으로 분해되어 신체에 활용된다.

아미노산은 23종이 알려졌는데 그중 체내에서 합성이 안 되고 반드시 식품을 통해 얻어야 할 아미노산을 '필수아미노산'이라고 부르며 9종이 있다. 우리 몸이 단백질을 완벽히 이용하기 위해서는 필수아미노산 중 어느 하나라도 모자라거나 결핍되면 안 된다. 따라서 단순히 단백질을 많이 섭취한다고 해서 모든 기능을 완벽히 발휘할 수 있는 것은 아니다. 필수아미노산이 고르게 포함된 경우를 완전 단백질, 일부가 결핍되어 있을 때는 불완전 단백질이라고 부르기도 한다. 육류, 우유, 생선류 등 동물성 단백질은 필수아미노산이 고르게 함유되어 있지만 곡류, 채소류 등 식물성 단백질은 특정 필수아미노산이 결핍되어 있다. 하지만 식물성 단백질과 동물성 단백질을 같이 섭취하면 필수아미노산이 서로 보충되기 때문에 완전하게 상호작용을 할 수 있으므로 식물성과 동물성을 6 : 4의 비율로 고르게 섭취하는 것이 바람직하다.

단백질 보충은 꾸준히 이루어지는 것이 좋다. 평소에는 육류를 먹지 않다가 날을 잡아서 많이 먹는 것은 제대로 된 단백질 섭취 방법이 아니다. 하루에 필요한 단백질의 양은 55g 정도로 끼니마다 규칙적으로 이루어져야 하며, 평소에 균형 잡힌 식사를 하는 경우라면 크게 부족할 일은 없다. 하지만 식사만으로 단백질을 충분히 섭취하지 못하는 경우라면 일명 단백질 영양제의 보충이 필요할 수 있다. 수액(링거), 영양제, 단백질 보충제 등 주사, 알약, 분말의 여러 제품이 있다. 일반적으로 단백질은 여러 아미노산이 복합되어 있으므로 아미노산 위주로 설명한다.

리신(Lysine)

리신은 라이신 혹은 리진으로 불리는 필수아미노산으로 식물성 단백질보다는 생선, 고기 등 동물성 단백질에 풍부하다. 성장호르몬에 관여하여 성장과 뼈의 생성에 중요하므로 아이들에게 특히 필요하다. 리신은 각종 미네랄을 뼈로 운반하는 데 필요하며, 리신이 부족하다면 미네랄이 제대로 흡수되지 않고 소변으로 빠져나간다. 특히 뼈에 가장 중요한 칼슘의 흡수를 높여 성인의 골다공증 개선에 응용된다. 또한 임신 능력을 높여 불임에 응용되며, 식욕촉진에도 관여한다.

히스티딘(Histidine)

참치 등 어류에 풍부한 필수 아미노산이다. 성장과 밀접한 관계가 있으며, 스트레스와 류머티즘 관절염의 완화에 사용된다. 상한 단백질을 먹으면 히스티딘에서 알레르기를 일으키는 물질인 히스타민이 생성된다.

메티오닌

콩, 생선, 마늘, 양파 등에 풍부한 필수아미노산이다. 항산화 역할을 하며 독성물질로부터 몸을 보호한다. 항암효과도 뛰어나다. 알레르기를 일으키고 두뇌에 부담을 주는 물질인 히스타민의 농도를 낮춰서 정신분열증과 파킨슨병 치료에 도움을 준다.

로이신(Isoleucine)

많은 양이 필요하지만 다양한 식품에 골고루 함유되어 있어 평소 식습관을 유지한다면 결핍될 염려는 거의 없다. 간기능을 높이는 작용이 있다. 너무 많이 섭취하면 다른 아미노산과의 균형을 무너뜨려 면역력이 떨어질 수 있다.

페닐알라닌(Phenylalanine)

콩류와 탈지분유에 풍부한 필수아미노산이다. 두뇌의 신경전달호르몬인 도파민(dopamine) 생성에 중요하다. 따라서 우울증을 줄이고 기억력과 주의력을 높여준다. 인공감미제인 아스파탐은 체내에서 분해되어 페닐알라닌으로 대시되므로 페닐알라닌의 섭취를 규제할 필요가 있는 유전성질환인 페닐케톤뇨증 환자는 아스파탐과 페닐알라닌을 따로 복용하지 말아야 한다.

기타 필수아미노산

트립토판(Trypthophan)은 정신적인 안정과 수면에 관여하는 신경전달호르몬 세로토닌(serotonin)의 합성에 관여한다. 따라서 우울증, 두통, 수면장애 등에 응용된다. 치즈, 우유, 땅콩 등에 풍부하다. 트레오닌(Threonine)은 대두에 풍부하며 식욕과 성장을 촉진한다. 발린(Valine)은 성장촉진 및 근육기능을 강화하며 여러 식품에 함유되어 있어 부족한 경우는 거의 없다.

아르기닌(Arginine)

체내에서 합성되기 때문에 필수아미노산에는 속하지는 않으나 성장호르몬의 합성에 관여하기 때문에 성장기 아이들에게는 필수다. 남성의 정자 수를 늘리고 성 기능을 강화하여 남성 불임과 발기부전에 응용된다. 다른 아미노산인 오르니틴(Ornithine)과 연계되어 상호 생성작용을 한다. 아르기닌과 오르니틴은 근육 증강과 강화에 사용되기도 한다.

시스테인(Cysteine)

필수아미노산인 메티오닌에서 합성되는 비필수아미노산이다. 항산화작용이 탁월하여 각종 해독에 응용된다. 또한 모발, 손발톱, 피부를 건강하게 한다. 시스테인은 불안정한 성질을 갖고 있으며, 시스테인 2분자가 결합하여 안정한 형태의 아미노산인 시스틴(Cystine)을 형성한다.

타우린(Taurine)

다우린은 시스테인에서 합성되는 비필수아미노산이지만 다양한 생리활성기능을 가지고 있다. 오징어, 문어, 이패류에 풍부하다. 단백질과 지방을 소화하고 유해물질을 없애는 역할을 하는 담즙을 생성하는 데 특히 중요하다. 조직과 기관의 정상적인 발달, 노화방지 및 치매 개선, 시력 보호, 간 기능 개선, 콜레스테롤 저하, 심장 근육 보호 등에 다방면으로 응용되고 있다.

기타 비필수아미노산

글루탐산(Glutamic acid)은 뇌 조직에 다량으로 분포되어 두뇌의 연료 역할을 한다. 결핍이나 과잉시 뇌에 장애가 올 수 있다. 글루탐산과 암모늄 이온이 결합하면 글루타민(Glutamine)이라는 아미노산이 합성된다.

아스파르트산(Aspartic acid)은 독성이 강한 물질인 암모니아를 체외로 배설하며 에너지 대사를 높여 피로회복에 도움을 준다. 아스파르트산과 암모늄 이온이 결합하면 아스파라긴(Asparagine)이라는 아미노산이 합성된다.

글리신(Glycine)은 아미노산 중 가장 단순한 구조를 지니고 있으며, 중추신경계와 근육의 기능을 적절하게 한다. 식물성 단백질에는 거의 함유되어 있지 않다.

타이로신(Tyrosine)은 다른 아미노산인 페닐알라닌으로부터 합성된다. 각종 호르몬의 생성에 관여하여 특히 두뇌 활동 촉진에 중요하다.

탄수화물의 이해

탄수화물은 체내로 들어와서 포도당과 글리코겐으로 분해되며, 포도당은 뇌세포와 신경세포 등에 반드시 필요한 주요 에너지공급원이 된다. 적정하게 소비되고 남은 여분의 탄수화물은 지방으로 변환된다.

포도당, 유당, 올리고당 등 '당'으로 분류되는 용어는 대부분 탄수화물에 속한다. 탄수화물 자체는 여러 분자가 결합한 고분자 물질로, 분자의 크기에 따라 여러 종류로 분류한다. 탄수화물을 구성하는 최소단위를 단당류라 하며, 포도당과 과당(Fructose)이 대표적이다. 단당류가 2개 결합하면 이당류라 하며, 설탕과 유당이 대표적이다. 단당류가 3~10개 결합할 때는 올리고당(Oligosaccharides), 그 이상일 때는 다당류라 부른다.

포도당

포도, 바나나 등의 과일에 풍부하게 함유되어 있다. 그에 비해 쌀이나 밀에 포함된 탄수화물은 녹말이 주를 이루는데, 녹말은 포도당이 여러 반응을 거쳐 서로 결합한 거대분자로 이루어져 있다. 포도당은 체내에서 에너지원으로 이용되며 여러 물질의 합성재료가 된다.

혈액 중에 있는 포도당을 혈당이라고 하는데, 식품마다 혈당을 만드는 속도가 다르다. 음식물에 함유된 탄수화물이 혈당을 높이는 속도를 수치로 나타낸 것을 '혈당지수(Glycemic acid, GI)'라고 부른다. 포도당 100g을 먹었을 때 올라가는 혈당의 상승도를 100으로 기준 삼고 각 음식 100g을 먹었을 때 얼마나 혈당이 상승했는지를 숫자로 표기한다.

예를 들면 쌀밥 90, 고구마 50, 보리 25 등으로 각기 다르게 나타난다. 포도당이 대사하려면 췌장에서 인슐린을 만들어야 하는데, 혈당지수가 높은 음식을 먹으면 인슐린을 더 많이 분비해야 하기 때문에 췌장은 힘겨워진다. 만약 인슐린이 부족해지거나 작용에 이상이 생기면 혈액 중 포도당이 증가하는 당뇨병이 발생할 우려가 높아지고 각종 합병증이 생길 수 있다. 따라서 혈당이 천천히 상승하고 인슐린이 무리하게 분비되지 않도록 혈당지수가 낮은 식품을 중심으로 식사하고 천천히 오래 씹는 습관을 가져야 한다.

과당

과당은 복숭아, 오렌지 등 단맛을 내는 과일에 풍부하다. 단맛이 강하고 맛도 좋은 천연감미료에 속한다. 따라서 액상과당의 형태로 주스, 드링크, 과자 등 각종 식품에 많이 첨가되고 있다.

과당은 포도당에 비해 혈당을 급격히 상승시키지 않으면서 에너지를 생성할 수 있지만 지나치게 많이 섭취하면 탄수화물 섭취에만 편중되어 영양불균형을 초래하고, 중성지방으로 변환될 우

려가 있으며, 입맛이 단맛에만 길드는 문제점이 생길 수 있다.

설탕(자당, Sucrose)은 포도당과 과당이 1 : 1로 결합한 이당류며, 단맛이 강하다. 포도당과 과당 이외의 단당류는 갈락토스(Galactose)가 있다.

올리고당

올리고당은 라피노스, 프락토올리고당, 이눌린 등 여러 종류가 존재한다. 소화효소로는 잘 분해되지 않아 에너지원으로 이용되기보다는 바로 대장으로 내려가 유익한 장 내 세균인 비피더스(Bifidus) 유산균의 먹이가 된다. 대장균이나 웰치균 등 유해세균은 올리고당을 먹지 못하며, 유산균이 잘 증식하면 장 내 환경을 산성화시켜 유해균의 생성이 억제된다. 따라서 올리고당은 장을 정화하며 변비 개선에 도움이 된다.

식이섬유(Dietary fiber)

식이섬유는 인체의 소화효소로 분해하기 어려운 고분자 섬유 성분이다. 신체에 흡수되지 않아 영양학적 가치가 없는 것으로 인식되었지만 점점 기능이 밝혀져 탄수화물, 단백질, 지방, 비타민, 미네랄, 물 등과 구별하여 제7의 영양소로 불리기도 한다. 식이섬유는 다당류나 올리고당에 존재하기 때문에 탄수화물의 종류에 포함하는 경우가 많다.

식이섬유는 물에 녹는지에 따라 수용성과 불용성으로 구별한다. 수용성 식이섬유는 주로 위와 소장에서 작용하고 과일이나 채소에 많이 포함되어 있으며 수분을 흡수한다. 불용성 식이섬유는 주로 대장에서 작용하며 곡류 껍데기나 우거지 등 질긴 채소에 많이 포함되어 있으며 독소를 흡착한다. 따라서 식이섬유는 식후 혈당상승 억제, 혈중 콜레스테롤 개선, 변비 완화, 독소물질 흡착, 식욕억제 등에 널리 응용되고 있다.

지방의 이해

음식을 통해 섭취한 지방은 소화 후 지방산(Fatty acid)과 글리세롤(Glycerol)로 분해되며, 중성지방(Triglyceride)의 형태로 지방 조직에 축적된다. 흔히 지방은 나쁜 물질로만 인식하기 쉬우나 인체의 기본 구성단위인 세포막을 구성하는 데 필수며, 에너지의 저장, 성장 및 조직 기능 유지 등 중요한 역할을 담당하고 있다. 다만 필요 이상으로 많아지면 비만의 원인이 되거나 동맥경화, 심장병 등의 주요 원인이 된다.

지방은 상온에서 액체나 고체 상태로 존재하는지에 따라 나누기도 하는데 전자를 불포화지방산, 후자를 포화지방산이라고 한다. 세포막은 주로 지방으로 이루어졌기 때문에 액체 상태인 불포화지방산을 많이 섭취해야 세포막이 유연해져서 세포가 활발하게 기능을 할 수 있다.

포화지방산은 주로 육류나 버터 등 동물성 지방에 많이 함유되어 있고, 과다한 경우 콜레스테롤과 혈전의 발생을 높여 심혈관계 질환 위험에 노출된다. 체내에서도 합성되기 때문에 굳이 음식물을 통해 많이 섭취할 필요는 없다. 반면 불포화지방산은 주로 생선이나 식물성 지방에 많이 함유되어 있고, 인체의 정상적인 성장과 발달에 꼭 필요하다.

불포화지방산을 좀 더 세분화시키면 탄소의 이중결합 개수에 따라 이중결합이 하나인 단일 불포화지방산과 이중결합이 여러 개인 다중 불포화지방산으로 나눈다. 다중 불포화지방산은 체내에서 합성되지 않고 반드시 음식물을 통해 공급받아야 하기 때문에 필수지방산이라고 부른다. 각종 염증을 개선하는 효과가 있고, 세포막의 구성성분이 되며, 필요시 우리 몸에서 호르몬으로 전환된다. 고등어나 정어리 등 등푸른생선이나 참깨, 해바라기

씨, 아마씨(Flaxseed) 등의 씨앗과 견과류 등에 풍부하다. 오메가-3(Omega-3)와 오메가-6(Omega-6)가 대표적이다. 불포화지방산은 이중결합구조를 가지는데 이 구조는 외부와의 반응성이 높다. 따라서 열에 약하고 산화가 잘 된다. 고온으로 요리하는 경우 세포를 경직하게 만드는 트랜스 지방을 생성하거나 아크릴아미드 같은 유해물질이 발생할 가능성이 높다.

단일 불포화지방산은 필수지방산은 아니지만 다중 불포화지방산에 비해 열과 산화에 안정적이며, 올리브유, 카놀라유, 땅콩기름 등에 풍부하다.

오메가-3

오메가-3의 대표 성분은 EPA(Eicosapentanoic acid, 에이코사펜타에노산)와 DHA(Decosaheptapoc acid, 도코사헥사에노익산) 두 가지다. EPA는 콜레스테롤을 감소하는 작용이 있고 혈소판이 응고하거나 혈액의 점도가 진해지는 것을 막아주기 때문에 혈액순환을 개선하는 데 효과가 있다. 각종 염증반응에 대응하는 기능도 있다. DHA는 뇌나 신경계조직, 망막의 구성성분이며, 두뇌에서는 뇌세포기능 및 기억학습능력을 향상시키기 때문에 치매와 알츠하이머 개선에 효과가 있다. DHA와 EPA을 합쳐서 하루에 500~2,000mg 정도를 섭취하도록 권고하고 있다.

EPA와 DHA에 비해서는 비교적 덜 알려졌으나 ALA(alpha-linolenic acid, 알파리놀렌산) 역시 중요한 오메가-3에 속한다. 사실 오메가-3는 ALA→SDA→ETA→EPA→DPA→DHA로 여러 가지 대사과정을 거치는데, ALA는 최초의 오메가-3 형태기 때문에 그다음 단계로 전환이 가능한 출발점이 되며 세포막의 구성 물질이 되어 유동성을 유지하는 역할을 한다.

등푸른생선이나 물범 등에서 얻는 동물성 오메가-3에는 EPA와 DHA가 풍부하며, 견과류나 아마씨 등에서 얻는 식물성 오메가-3에는 ALA가 풍부하다.

동물성 오메가-3는 EPA와 DHA가 식물성 오메가-3보다 월등히 많이 들어 있기 때문에 건강유지, 염증제거, 혈액순환 등 건강증진 목적으로 사용하기에 적합하다. 하지만 어류를 원료로 하기 때문에 고온정제과정을 거치게 되는데, 가열과정에서 지방산이 트랜스 지방으로 변한다거나 해양오염으로 인해 바닷물에 포함된 납, 수은 등 중금속에 오염될 수 있다. 따라서 이를 완전히 정제할 수 있는가가 관건이다.

동물성 오메가-3가

들어 있는 제품을 선택할 때는 특유의 생선비린내로 인해 복용 후 위장장애를 일으키는지, 지방의 산패가 일어나지 않도록 비타민E 같은 항산화제가 같이 포함되어 있는지 살펴봐야 한다. 그리고 원료가 되는 생선기름 중에 EPA와 DHA가 얼마나 함유되었는지도 따져봐야 한다. 왜냐하면 EPA와 DHA는 수많은 지방성분의 일부일 뿐이고, 제품 자체가 완전히 EPA와 DHA로만 이루어지지는 않았기 때문이다.

아마씨 등이 원료인 식물성 오메가-3는 비위가 약하거나 해양오염을 우려해서 동물성 오메가-3를 복용하지 않는 경우나 채식주의자에게 대안이 될 수 있다. 또한 저온에서 압착해서 만들기 때문에 트랜스 지방이 생성될 가능성이 거의 없다. 하지만 동물성 오메가-3에 비해 ALA는 많이 들어 있으나 EPA와 DHA는 훨씬 적기 때문에 콜레스테롤 저하나 혈액순환 개선 등을 기대하기는 어렵고, 다만 필수지방산을 보충한다는 것에 의미를 두어야 한다.

오메가-6

오메가-6로는 LA(linoleic acid, 리놀레산), AA(Arachidonic acid, 아라키돈산), GLA(gamma-linolenic acid)가 있는데, 그중 가장 대표적인 것이 감마 리놀렌산(GLA)이다. 달맞이꽃이나 해바라기씨, 보라지(Borage) 등의 식물종자에 풍부하며, 피부 유지와 항염증작용으로 류머티스성 관절염, 아토피성 피부염, 월경전 증후군 등 다방면에 응용되고 있다.

리놀레산은 콜레스테롤을 없애주지만 지나치게 많이 섭취하면 좋은 콜레스테롤인 HDL까지 함께 감소하며 노화의 원인이 되는 과산화지질이 증가할 우려가 있다. 아라키돈산은 면역과 신경을 조절하는 생체 조절 호르몬인 프로스타글란딘의 원료가 되는데, 과다 섭취할 경우 염증을 유발할 가능성이 높다.

오메가-3와 오메가-6의 차이

지방산 분자의 구조를 볼 때 끝에서 몇 번째에 있는 탄소부터 이중결합이 형성되었느냐에 따라 오메가-3, 오메가-6, 오메가-9로 분류한다.

오메가-3의 동물성 공급원은 고등어·멸치·참치 등 생선류며 식물성 공급원은 들기름·아마씨유가 대표적이다. 오메가-6의 동물성 공급원은 돼지고기·소고기·닭고기며 식물성 공급원은 콩기름·해바라기씨유·옥수수유가 대표적이다.

오메가-3와 오메가-6는 적절하게 균형을 맞추는 것이 중요하다. 현대인은 오메가-6를 오메가-3보다 10배 이상 섭취하는 편이다. 예를 들면 요리할 때 사용하는 식용유는 주로 콩과 옥수수로부터 만들어지는데 이 재료들에는 오메가-6가 오메가-3보다 30배 정도 많다. 따라서 오메가-3가 결핍될 수 있으며, 염증악화, 우울증, 비만 등이 생길 가능성이 높아진다. 그래서 최근에는 오메가-6와 오메가-3의 섭취비율을 4:1 혹은 1:1로 맞춰야 한다는 견해가 많으며, 오메가-6 섭취량을 줄이거나 제품을 통해 오메가-3를 따로 보충하는 것을 권고한다.

영양제의 이해

지금까지 5대 영양소인 단백질, 탄수화물, 지방, 비타민, 미네랄 등에 대해 간략하게 알아보았다. 물론 음식을 통해 모든 영양소를 섭취하는 것이 가능하지만 일반적인 식습관으로는 비타민과 미네랄을 충분히 섭취하기 어렵다. 따라서 시중에 유통되는 영양제는 대부분 비타민과 미네랄을 위주며, 음식으로부터 충분히 섭취할 수 있는 단백질·탄수화물·지방은 거의 배제된다. 물론 아미노산이나 오메가-3를 주원료로 한 제품도 많으나 일반적으로 통용되는 영양제와는 차이가 있으니 여기서 언급하는 영양제는 비타민과 미네랄을 대상으로 하는 점을 주시하기 바란다. 이 장에서는 시중의 영양제가 어떻게 구성되어 있는지 구조적인 원리를 설명한다.

종합영양제

종합영양제는 다양한 종류의 비타민과 미네랄이 골고루 포함된 것을 말한다. 비타민과 미네랄의 종류를 합치면 200개 이상이 존재하지만, 그중 가장 필요하다고 생각되는 비타민A, B, C, D, E와 칼슘, 마그네슘, 철분, 아연, 망간, 크롬, 구리, 셀레늄 등 20~30여 개를 적절히 혼합한다.

종합영양제 하나로 간편하게 여러 영양소를 섭취할 수 있어 끼니를 거르거나 식사를 불규칙하게 하는 경우, 외식이 잦거나 인스턴트식품을 자주 먹는 경우 영양소를 보충해줄 수 있다. 하지만 한 알에 모든 영양소를 다 넣으려다보니 필요한 양을 충족시키기에는 부족할 수밖에 없다.

예를 들면 비타민C 하루 필요량은 1,000~2,000mg인데 이 정도의 양만으로도 알약 하나를 만들 수 있다. 또한 개인마다 필요한 영양소의 성분과 함량이 다른 데 비해 종합영양제는 영양소가 일률적으로 구성되어 최적화된 효과를 누리기엔 한계가 있다. 또한 여러 가지 성분이 많이 포함될수록 위장장애나 알레르기를 일으킬 가능성도 높아질 수 있다.

항산화제

항산화제란 비타민A(또는 베타카로틴), C, E 그리고 아연, 망간, 크롬, 셀레늄 등 항산화 효과가 있는 제품을 말하며, 다음과 같은 여러 가지 역할에 사용되고 있다.

ⓐ 노화작용 억제

ⓑ 콜레스테롤 수치 감소

ⓒ 암 발병 억제

ⓓ 담배나 환경오염으로부터 몸을 보호

ⓔ 심장질환과 뇌졸중, 동맥경화 등을 예방

ⓕ 알츠하이머 진행속도 저하

ⓖ 시력상실의 원인이 되는 황반변성 예방

비타민B 복합제제

비타민B는 여러 비타민 중 가장 부족하기 쉽기 때문에 요즘에는 비타민B군만 따로 모아서 제품을 출시하고 있다. 비타민B 복합제제는 육체 피로회복에 효과가 탁월하며, 신경작용을 정상화하기 때문에 관절통, 근육통, 신경통 등 각종 통증을 완화하는 데 도움이 된다. 또한 구내염이라고 하여 입안이 허는 경우가 많은데 이때 비타민B를 섭취하면 효과가 좋다.

칼슘, 마그네슘과 비타민D 복합제제

칼슘이 몸에 흡수되려면 마그네슘과 비타민D가 필요하기 때문에 최근에는 세 가지 성분을 복합하여 출시하고 있다. 특히 칼슘과 비타민D는 부족하기 쉬운 영양소기 때문에 모든 연령대에 필요하다. 유아부터 학생까지는 성장에, 성인에게는 스트레스 완화에, 노인이나 여성에게는 골다공증 예방에 효과가 있다.

기타 제제

다른 영양소와 달리 철분 요구량은 개인차가 있어 종합영양제로 보충하는 것보다 가급적 철분만 포함된 제품으로 선택하는 것이 좋다. 철분 흡수를 돕기 위해 비타민B 성분을 함께 포함하기도 한다.

비타민C는 500mg에서 3,000mg까지 함유량이 다양하게 존재하는데, 특별한 질환이 없다면 너무 많은 함량이 들어 있는 것을 선택할 필요는 없다. 그리고 비타민C만 단독으로 복용하기보다는 전체적인 균형과 흡수, 효율성 등을 위해 다른 영양소를 곁들이는 것이 좋다.

이외에도 여러 비타민과 미네랄을 용도에 따라 적절히 배합할 수 있다. 대표적으로 항산화 작용 및 피부 개선을 위해 비타민C와 비타민E를 같이 복합하거나 근육통의 완화 및 혈액순환을 위해 마그네슘과 비타민E를 복합한다.

영양제 Q&A

영양제는 잘 사용하면 몸에 많은 도움을 주지만 정확히 선택하지 않으면 오히려 마이너스가 될 수 있다. 매체나 인터넷을 통한 자가진단으로 제품을 직접 선택하는 경우가 점점 많아지고 있는데, 맹목적으로 효능을 기대하기보다는 좀 더 잘 알고 복용하는 것이 중요하다.

사실 우리가 평소 건강에 자신이 있고 운동을 꾸준히 하며 식사를 통해 충분한 영양소를 섭취한다면 영양제는 필요하지 않을 수도 있다. 하지만 몸에 이상이 있거나 아픈 곳 없이 건강하게 살고 싶다면 영양제를 적극적으로 섭취하는 것도 필요하다.

현대인들은 불규칙한 생활, 스트레스, 음주와 흡연, 운동부족, 비만, 질병, 건강하지 못한 식습관, 각종 환경오염, 가공

식품 노출 등에서 완전히 자유로울 수 없다. 따라서 영양제 보충이 필요한 경우가 훨씬 많다.

몸에 좋은 음식을 준비하고 식사하려면 많은 시간이 필요하지만 알약을 삼키는 데는 불과 몇 초밖에 걸리지 않는다. 그만큼 영양제는 간편하고 신속한 효과를 나타내지만, 제품을 잘 이해하고 정확하게 선택해야 한다. 다음과 같은 몇 가지 질문을 예시로 들어 제품 선택시 좀 더 적합한 결과를 기대할 수 있도록 도움이 되고자 한다.

영양제는 많이 먹을수록 좋을까?

건강에 관심이 많거나 몸 상태가 좋지 않으면 비타민, 홍삼, 오메가-3 같은 영양제를 비롯해 건강기능식품과 녹즙, 주스 등 어느새 복용하는 개수가 대여섯 개 혹은 열 개 이상 넘어가는 경우도 있다. 결론부터 말하자면, 여러 종류의 영양제를 먹어도 그에 비례해서 건강도가 올라가는 것은 아니다. 그 이유를 여러 각도에서 찾아보자.

첫 번째는 제품의 품질 문제다. 오메가-3 제품 같은 경우 질의 차이가 천차만별이다. 오메가-3의 주성분이 되는 DHA와 EPA는 최소 18%에서 최대 80% 이상까지 함유량이 다양하다. 비타민제도 일부 영양소의 함유량이 100배 이상 차이 나는 경우도 많다. 두 번째는 중복이나 상호작용 문제다.

여러 제품을 동시에 복용할 경우 일부 성분이 겹쳐서 과잉될 우려가 존재한다. 칼슘과 철분 등 어떤 영양소끼리는 서로 흡수를 방해할 수도 있다. 또한 병원에서 처방한 의약품을 복용하면서 일부 영양제나 건강기능식품들을 같이 먹으면 상호작용으로 인해 약효가 떨어질 우려가 생긴다. 세 번째는 부작용이다. 안정성이 검증된 성분이라 하더라도 개인의 몸 상태에 따라 효능이 달라지거나 위·간 등에 부담을 줄 수 있다. 여러 제품을 복용할수록 그만큼 부작용이 발생할 빈도가 높아진다.

아무리 유명하고 널리 선호되는 제품이라 하더라도 모든 이에게 100% 효과를 나타내기는 불가능하며, 부작용이 완전히 없는 제품이란 건 존재하지 않는다. 예를 들면 홍삼은 체질이나 몸 상태에 맞지 않으면 두통이나 혈압 상승, 가슴 두근거림, 열감 등의 부작용이 발생할 수 있으며, 항혈액응고제, 항우울제, 카페인, 당뇨약 등 많은 의약품에 상호작용하기도 한다. 따라서 영양제를 무조건 많이 먹는 것이 능사는 아니다. 방과 후 열 군데가 넘는 학원에 다니면 당장 성적이 오르는 것처럼 보일지 몰라도 지치고 힘들며 나중에는 감을 못 잡고 혼란스러워하는 것과 비슷하다. 우리 몸도 가장 급한 증상부터 우선순위에 따라 천천히 하나씩 접근할 때 만족도가 점점 높아질 것이다.

어느 제품이 가장 좋을까?

비슷한 영양제라도 다양한 회사에서 수많은 제품을 생산하기 때문에 제품 선택시 고민하는 경우가 많은데, 무조건 유명한 제품이 최고라고 볼 수는 없다. 제품의 이름값보다 내 몸 상태를 최우선으로 고려해야 하기 때문이다. 영양제는 과학적인 이론과 실험에 입각한 객관적 결정체지만 우리의 몸은 각자 주관적 입장이라 모든 제품이 반드시 좋은 결과로 대응하지는 않는다. 따라서 광고를 많이 하는 유명 제약회사의 제품이나 남들이 추천하는 제품을 선택하기보다는 전문가와 상담한 후 자신에게 가장 적합하다고 생각되는 제품을 선택하는 것이 건강을 지킬 수 있는 가장 좋은 방법이다.

천연 비타민이 더 좋을까?

화학적으로 합성한 비타민과 천연으로 존재하는 비타민은 분명히 차이가 있다. 하지만 본질적인 문제는 비타민 자체가 아니다. 단백질, 탄수화물, 지방, 비타민, 미네랄 등 우리가 익히 아는 영양소가 있지만 이 외에도 아직 규명되지 않은 무궁무진한 물질이 천연 상태로 존재한다. 과일이나 채소가 몸에 좋은 이유는 단지 비타민이 들어 있기 때문이 아니며, 식품 고유의 천연 항산화제와 각종 생리활성물질이 보이지 않는 곳에서 생리작용을 조절하고 몸을 보호하기 때문이다.

신선한 과일이나 채소가 좋겠지만, 굳이 천연비타민과 합성비타민을 구분할 필요는 없다. 흡수율이나 효능 등을 볼 때 그 차이는 미미하다. 또한 천연이라고 강조하는 제품들에도 단점은 있다. 따라서 충분한 함량이 포함되어 있는지, 이름만 천연인지 살펴볼 필요가 있다.

사실 천연재료에 포함된 영양소 함량은 과거에 비해 높지 않기 때문에 해당 원료만으로는 일정한 규격으로 제품을 생산하기 어렵다. 그러면서 마치 제품 전체가 천연으로 이루어진 것처럼 호도한다면 큰 문제다. 그리고 천연 성분이 모두 안전하다고 보기는 어렵다. 왜냐하면 합성 성분에 비해 중금속이나 농약, 방부제 등에 노출될 우려가 더 높기 때문이다. 재배, 유통 등의 과정에서 생산·제조하는 곳의 자발적인 양심 문제에 달렸기에 신뢰도를 잘 따져볼 필요가 있다.

영양제의 응용

비타민과 미네랄을 영양제로 복용하는 것은 우리 몸에 필요한 영양소를 보충하는 개념도 있지만 몸이 피곤하거나 불편할 때 전반적으로 개선하기 위한 목적이 더 크다. 따라서 적극적으로 영양제를 사용해본다면 더욱 바람직한 결과가 나타날 수 있다. 먼저 주지해야 할 것은 제품보다 몸이 우선되어야 한다는 것이다. 사람마다 체격, 나이, 성별이 다르며 환경이 다르므로 먼저 자신의 상태에 따라 영양제 선택을 최적화하는 작업이 필요하다. 이 장에서는 각 상황을 구분하여 일반적인 범위 안에서 통용할 수 있는 내용을 다룬다.

유아&소아

영양제보다는 식생활에 우선순위를 두고 단백질, 탄수화물, 지방을 골고루 섭취하는 좋다. 이때 가장 부족하기 쉬운 영양소는 비타민D와 철분이다. 이 시기는 햇볕을 거의 안 쬐고 실내생활을 많이 하기 때문에 비타민D가 부족하며 모유나 우유만으로는 충분한 양의 비타민D를 섭취하기 어렵다. 철분은 성장에 필수적인 영양소라 이유식 등으로 고기를 충분히 섭취하는 것이 가장 바람직하지만 그렇지 못한 경우 정기적인 검사를 통해 몸에 철분이 부족하지 않은지 살펴보는 것이 좋다.

성장기 학생

초등학생부터 중고등학생까지는 체격이 가장 왕성하게 성장하는 시기다. 따라서 모든 영양소를 충분하고 고르게 섭취하는 것이 바람직하다. 이 시기는 칼슘과 마그네슘의 역할이 크다. 특히 탄산음료나 패스트푸드를 자주 먹게 되면 몸에서 칼슘이 빠져나가므로 적절한 보충이 필요하다. 또한 피로를 회복하고 두뇌를 활발히 활동하게 하는 비타민B의 섭취도 중요하며, 여학생은 월경으로 인해 부족해지기 쉬운 철분 섭취도 고려해야 한다.

시험 준비생

고시나 시험 등을 준비하는 경우 신체활동량이 떨어지고 두뇌사용량은 많아진다. 고른 식생활을 하지 않으면 영양 불균형으로 인해 몸은 스트레스에 민감하게 반응한다. 지속적인 스트레스와 밤늦게까지 이어지는 공부로 쉽게 피로를 느끼고 면역이 감소하므로 저항력과 면역력을 높여야 한다. 기억력과 인지력을 높일 수 있는 비타민B와 비타민D가 필요하다.

주부

집안일 역시 사회생활 못지않은 피로와 스트레스를 유발한다. 여성의 경우 골다공증을 예방하고 스트레스와 통증 완화를 위해 칼슘제를 고려해야 한다. 비타민B는 피로 및 과도한 동작들로 유발된 통증 완화에 도움을 준다.

임산부&수유부

임산부나 수유부는 아이를 위해 평소보다 더 많은 양의 영양소가 필요하며, 특히 칼슘과 철분을 최우선으로 고려하는 것이 좋다. 임산부는 비타민A와 비타민C를 과도하게 복

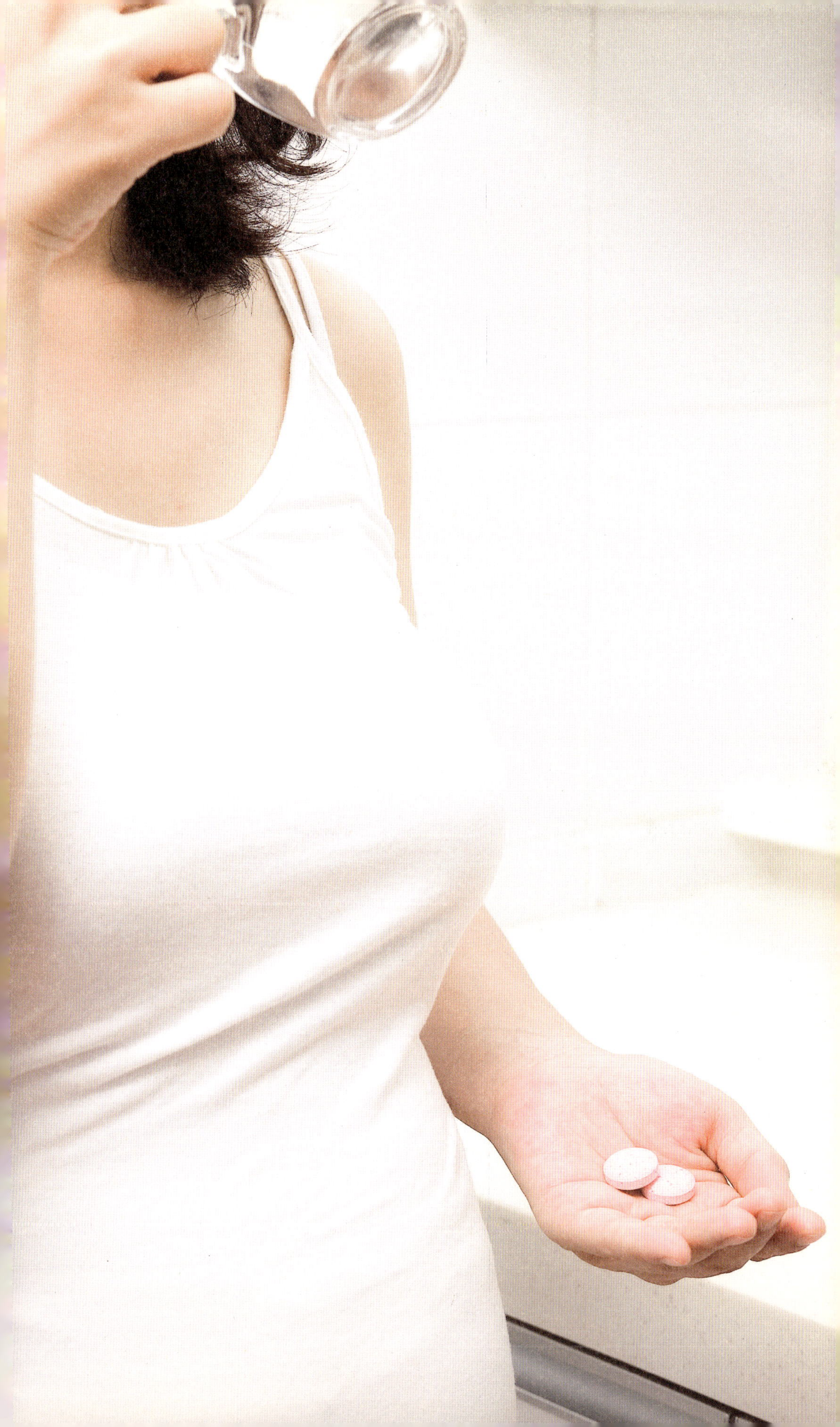

용하지 않아야 한다.

직장인

극심한 스트레스와 피로에 시달리기 쉬운 젊은 직장인은 다양한 영양소가 필요하다. 피로회복을 위해서는 비타민B의 섭취가 가장 중요하며, 스트레스가 심하다면 마음을 차분하게 하는 데 도움을 주는 칼슘과 마그네슘 복합제제가 필요하다. 피부 트러블에 민감한 여성이라면 비타민C를 추가로 복용하는 것이 좋으며, 철분이 부족하지는 않는지 체크하는 것도 필요하다.

40세 이상은 노화와 성인병으로부터 몸을 보호하기 위해 항산화제를 고려하는 것이 바람직하다.

사무직 종사자

지속적으로 스트레스에 노출되면 각종 영양소가 고갈될 우려가 있으므로 적정한 휴식과 고른 식생활을 유지하는 것이 좋다. 실내에만 있는 경우 가장 먼저 비타민D가 부족해지며, 컴퓨터 등 IT기기를 많이 사용한다면 목이나 손목 등의 근육에 무리가 올 수 있다. 따라서 피로회복 및 통증완화에 도움이 되는 비타민B가 필요하다.

실외 종사자

실외에서 많은 시간을 보내는 경우는 각종 유해환경에 노출되므로 항산화제의 필요성이 높아진다. 햇볕에서 장시간 근무하기 때문에 비타민D보다는 비타민B의 섭취가 훨씬 중요하다. 물론 야간 근무자라면 비타민D도 추가로 복용하는 것이 좋다.

운동선수

운동선수는 고에너지가 필요하므로 탄수화물과 단백질을 최우선으로 섭취해야 한다. 육체 피로와 통증완화를 위한 비타민B가 필수며, 극심한 운동으로 활성산소가 발생하므로 항산화제나 코엔자임큐텐을 보충하는 것이 필요하다.

고령층

치아가 약해지면 위와 장에 무리가 가기 때문에 육류 섭취량이 줄어들고 단백질과 미네랄이 부족해질 우려가 있다. 또한 피부가 노화되어 비타민D 합성도 감소하므로 결과적으로 칼슘 흡수도 저하된다. 따라서 칼슘과 비타민D가 복합된 제품이 유용하다.

성인병

나트륨 섭취는 적게, 즉 너무 짜지 않게 먹는 습관을 길러야 한다. 고혈압, 심장병 등 각종 성인병에는 항산화제의 역할이 지대하다. 비타민A, C, E와 코엔자임큐텐이 중요하며, 칼슘과 마그네슘제제도 증상 개선에 도움이 된다. 성인병의 원인 중 하나로 대두한 것이 호모시스테인이란 물질인데, 수치가 높아지면 심장병이나 동맥경화 등 순환계질환의 발병을 높인다. 호모시스테인을 낮추는 데 도움이 되는 영양소는 비타민B_6, B_{12}, 엽산 등이므로 이 성분들이 고루 갖춰진 비타민B 복합제제를 복용하는 것이 좋다.

간염

간의 가장 중요한 역할은 해독작용이다. 간은 우리 몸에 해로운 물질을 거르고 청소하는 일을 담당하기 때문에 늘 바쁜데다 궂은일을 도맡아 한다. 따라서 지나친 영양 과잉이나 약물 복용이 꼭 이로운 것만은 아니다. 일차적으로 간의 산화를 방지해주는 항산화제가 중요하며, 특히 비타민C가 도움 된다. 또한 효소활동을 원활히 도와 각종 대사를 정상화시켜주는 비타민B 역시 필요하다.

시력저하

어떤 이유로든 눈이 나빠지고 있다는 것은 정상반응이라고 볼 수 없다. 따라서 반응속도를 억제하고 건강하게 안세포가 재생할 수 있도록 최대한 신경을 써야 하며, 외부 환경 인자로부터 눈을 보호하기 위한 항산화제인 비타민A의 역할이 중요하다. 몸이 피곤하고 눈까지 침침하다면 비타민B를 함께 복용해 컨디션을 높여주는 것이 필요하다.

불면증

숙면을 취하기 힘들면 육체적으로나 정신적으로 큰 고통이 지속된다. 여러 가지 이유로 인해 수면의 질이 떨어지게 된다는 것은 그만큼 뇌가 휴식을 취하지 못하고 늘 긴장과 각성상태에 있다는 것을 뜻한다. 잠을 쉽게 잘 수 없다면 스트레스를 완화하고 숙면에 도움이 되는 칼슘과 마그네슘 복합제를 사용하는 것이 도움 된다. 수면 중 자주 깨는 경우에는 정서적인 안정감을 주는 호르몬인 세로토닌 합성에 관여하는 비타민B 복합제제가 도움 된다. 또한 철분이 부족해져도 수면의 질이 떨어지기 때문에 빈혈이 있다면 철분제의 복용을 고려해봐야 한다.

만성피로

기존의 영양제 복용으로도 피로가 쉽게 가시지 않는다면 부신이 혹사당한 상황이 아닌지 살펴볼 필요가 있다. 부신은 신장의 위쪽에 있는 기관인데 아드레날린, 에피네프린, 코티솔, 에스트로겐 등 다양한 호르몬을 만드는 역할을 한다. 만약 스트레스를 지속적으로 많이 받는다면 우리 몸에서는 스트레스에 관계된 호르몬인 코티솔을 계속해서 분비해야 한다. 이렇게 끊임없이 호르몬을 만든다면 부신이 지쳐서 탈진되는 상황까지 온다. 따라서 평소보다 영양소를 많이 섭취해야 하며, 특히 비타민B, C, 마그네슘이 필요하다.

손발 저림(수족냉증)

혈액 온도는 체온보다 약간 높은 편이다. 몸은 혈액의 미세한 온도변화에도 빠르게 반응하는데, 혈액이 골고루 몸에 전달되어야 일정한 체온을 유지하므로 혈액순환이 안 되는 원인을 제대로 파악하는 것이 좋다. 혈액순환에 도움되는 대표적인 영양소는 비타민E, B, 마그네슘이다. 만약 빈혈이 원인이라면 충분한 혈액을 공급해줄 수 있는 철분제를 함께 복용하는 것이 필요하다.

스마트폰 증후군

장시간 동안 IT기기나 컴퓨터, 스마트폰 등에 집중하다보면 손목터널증후군, 근막염, 거북목, VDT 증후군, 마우스 엘보 등 일명 스마트폰 증후군을 유발할 수 있다. 근육에 긴장이 계속해서 가해지면 근육 섬유들이 짧아지고 근육의 에너지 대사가 소실되기 때문에 통증이 심해진다. 이럴 때 가장 먼저 사용될 수 있는 영양제는 비타민B군 위주의 제품이다. 특히 비타민B_1, B_6, B_{12}는 손상된 신경을 복구시키고 근육 주변의 혈액순환을 도와 신진대사를 활성화하는 기능이 있어 신경비타민이라고 불리는데, 피로물질의 축적을 막고 분해를 촉진하며 각종 대사 작용에 보조적인 역할을 한다. 통증이 오래간다면 신경을 안정시키고 혈액순환을 촉진하는 비타민E와 마그네슘 복합제제의 병용이 도움 된다.

공황장애와 우울증

공황장애는 극도의 공포나 불안에 사로잡혀 일상생활에 지장을 준다. 공황장애의 대표적인 증상은 심박동 증가, 가슴이 무척 아픈 느낌, 호흡곤란, 어지럽거나 손발이 떨림, 불안감, 공포 등이다. 감정은 노르에피네프린, 세로토닌, 가바 등의 호르몬에 영향을 받는데, 일시에 과다하게 분비되거나 지나치게 억제되면 자연적인 조절작용을 방해해 공황장애나 우울증 발생 가능성이 높아진다. 감정을 제어하기 힘들 때 가장 먼저 필요한 영양소는 천연 안정제 역할을 하는 칼슘과 마그네슘이다. 이 영양소는 스트레스 해소와 신경세포가 정상적인 기능을 하는 데 큰 도움을 주며 특히 마그네슘이 결핍되면 근육 경련, 근육통, 당뇨병, 불안, 공황장애 발병이 높아진다. 그리고 정신이나 신경기능 저하시 비타민 B_1, B_2, B_3, B_5, B_6, B_9, B_{12}, 바이오틴, 이노시톨 등 비타민B군과 망간, 아연, 마그네슘, 칼슘 등 미네랄이 저하된 경우가 많다. 특히 이노시톨은 우울증에 관계된 호르몬인 세로토닌 작용에 깊이 관여하기 때문에 꼭 필요한 영양소다. 상황에 따라서 비타민 C, E, 코엔자임큐텐 등 항산화제나 오메가-3 등이 추가로 필요할 수가 있다.

하지불안증후군(RLS, Restless Legs Syndrome)

하지불안증후군은 주로 잠들기 전에 다리에 불편한 감각 증상이 심하게 나타나 다리를 움직이게 되면서 수면에 장애를 일으키는 질환으로 디스크, 관절염, 말초신경염 등 많은 병에서 비슷한 증상이 나타내기 때문에 오인하기 쉽다. 다음과 같이 주로 네 가지 증상을 기준으로 판단하고 있다.

ⓐ 괜히 다리를 움직이고 싶다(자는 동안, 기상 시 등에 자

기도 모르게 발을 움직인다).

ⓑ 한 자세로 가만히 있으면 증세가 심해진다(저리거나 화끈거리거나, 뭔가 기어가는 듯한 느낌 등 증상이 다양하다).

ⓒ 밤이면 더 악화된다(활동을 하는 낮에는 잘 모르다가 저녁부터 밤중에 심해져서 잠을 잘 못 잔다).

ⓓ 다리를 움직이면 증세가 완화된다(앉아 있거나 누워 있을 때 심해지며 움직이면 편해진다).

가장 큰 원인은 신경전달물질인 도파민의 기능 저하로 생각된다. 철분이 있어야 도파민 생성이 원활해지므로 빈혈 여부에 관계없이 철분보충제를 가장 먼저 사용한다. 오메가-3는 도파민수용체를 증가시키기 때문에 보충이 필요할 수가 있으며, 신경전달기능과 연관된 다양한 영양소를 고루 섭취하는 것이 좋다.

새치

머리카락은 몸의 건강상태를 예민하게 나타내는 지표 중 하나다. 따라서 머리카락이 빠지거나, 젊은 나이에 머리가 하얗게 세거나, 머리카락이 윤기 없이 푸석해지는 등 신체는 어떤 메시지를 보낸다. 흰머리가 나타나는 것은 멜라닌(melanin) 색소가 없어지기 때문인데, 멜라닌의 원료인 타이로신이라는 아미노산이 부족한 경우, 타이로신이 아미노산으로 만들어질 때 작용하는 효소가 활발하지 못하는 경우, 부신피질호르몬 등 호르몬이 부족해져서 발생하는 경우 등 여러 가지 원인이 있다.

20~40대에서 흰머리가 나타나는 것은 노화현상이라기보다 유전 혹은 영양소나 호르몬 결핍으로 접근하는 것이 필요하며, 부신피질호르몬과 밀접하게 관계된 스트레스 역시 원인 중 하나다. 각종 효소 작용을 하는 비타민B군이 새치에 도움되는 것으로 알려졌으며, 멜라닌 형성에 관여하는 미네랄인 철분, 아연, 구리도 보충하는 것이 도움된다.

생활 속의 비타민

'약식동원(藥食同源)'이란 말이 있다. 약과 음식은 그 근원이 같다는 의미인데 예로부터 동서양을 막론하고 음식이나 풀, 동물 등을 사용하여 널리 약재로 이용하였다. 현대기술의 발전으로 웬만한 약들은 합성 과정을 통해 생산된다. 그러나 지금도 천연물질의 약효에 대한 연구는 지속적으로 이루어지고 있고 실제로도 추출과정을 통해 약이 개발되거나 새롭게 성분을 파악해 좀 더 나은 약효가 나타나기를 기대하고 있다.

우리는 식사를 통해 단백질, 탄수화물, 지방과 더불어 비타민, 미네랄 등 다양한 영양소 섭취하고 있지만, 술이나 담배, 스트레스 등 유해환경에 지속적으로 노출되고 불규칙한 식습관과 생활환경 등으로 인해 실제 우리 몸에 필요한 영양소를 충분하게 받아들이지 못하고 있다. 게다가 인스턴트 식품이나 각종 수입식재료, 제대로 유통관리되지 못한 식자재 등의 우려로 안전한 먹을거리에 대한 관심이 점점 높아지고 있다.

우리 몸을 위해서 영양제를 복용하는 것 역시 필요하나, 더 중요한 건 우리 땅에서 나는 제철 과일과 채소, 곡식이나 육류를 충분히 그리고 골고루 먹는 것이 우선돼야 한다.

예를 들어 오렌지에는 비타민C가 풍부하다고 하는데, 칼슘, 인, 철, 나트륨, 칼륨, 베타카로틴, 비타민B 등 다양한 비타민과 미네랄뿐만 아니라 우리 몸의 생리기능을 조절하는 170여 종의 식물생리활성물질과 60여 종의 바이오플라보노이드도 포함되어 있다. 따라서 건강을 위해 고른 식생활과 음식에 대한 관심은 필수다.

영양제를 안 먹는 사람은 많지만 음식을 안 먹는 사람은 없다. 따라서 우리의 건강에 직결된 것이 바로 음식이다. 이 장에서는 기본적인 5대 영양소뿐 아니라 이외의 성분까지 포함하여 대표적인 식품을 설명한다.

딸기–자일리톨(Xylitol)

딸기에는 비타민C와 함께 '자일리톨'이 많이 들어 있다. 설탕처럼 단맛이 나는 탄수화물은 탄소가 보통 6개인데 대표적인 것이 포도당과 과당이다. 그러나 자일리톨은 탄소가 5개 들어 있기 때문에 포도당처럼 에너지원으로 이용하지는 않으며 단맛은 나지만 칼로리가 낮은 편이다.

충치균은 탄소가 6개 있는 탄수화물을 먹고 분해하는데, 이때 나오는 젖산(Lactic acid)이 치아를 상하게 한다. 그러나 탄소가 5개 있는 자일리톨은 세균들이 분해하지 못하기 때문에 치아가 상할 염려는 거의 없다.

멍게–바나듐(vanadium)

멍게에는 '바나듐'이란 미네랄이 들어 있다. 바나듐은 당뇨에 도움이 되는 영양소로 인슐린과 비슷한 작용을 하기 때문에 당뇨병 치료의 대체물질로 쓰기도 한다. 바나듐은 세포에 필요한 영양소를 잘 공급할 수 있게 도와주며 활력을 높이고 심장발작을 예방하는 효과도 있다. 또한 혈관 내에 콜레스테롤이 축적되는 걸 막아주고 뼈와 치아를 만드는 데도 중요한 역할을 한다.

치커리-이눌린(inulin)

치커리에는 '이눌린'이 많이 들어 있는데, 이눌린을 가수분해하면 '프락토올리고당(fructooligosaccharide, FOS)'을 얻을 수 있다. 올리고당은 탄수화물에 속하는데, 위장에서 분해나 소화가 어려워 포도당 같은 다른 탄수화물에 비해 혈당을 급격히 올리지 않는다. 올리고당은 단맛이 나지만 칼로리가 낮아 요리할 때 설탕을 대신하는 감미제 역할로 많이 사용된다. 따라서 충치예방과 체중 감소를 위한 건강식품에 많이 이용된다. 올리고당은 장 내 세균에 의해 발효되어 비피더스균과 같은 유산균의 주요한 식량공급원이 된다. 따라서 정장제에 첨가기도 한다. 유산균과 같이 우리 몸에 이로운 역할을 하는 균을 통칭해서 '프로바이오틱스(Probiotics)'라 부르고 FOS와 같이 소화되지 않는 올리고당은 장 내에서 유산균의 증식을 촉진하기 때문에 '프레바이오틱스(Prebiotics)'라고 부른다.

키위-이노시톨(inositol)

키위에는 '이노시톨'이라는 비타민B군 성분이 많이 들어 있다. 탈모를 막아주고 모발을 건강하게 해주는 역할을 하고, 콜린과 결합해서 레시틴을 형성한다. 레시틴은 지방과 콜레스테롤을 대사시키며 두뇌에 영양을 공급한다고 해서 두뇌 영양제로도 쓰인다. 커피를 많이 먹으면 카페인이 이노시톨의 흡수를 방해한다.

양배추-비타민U

양배추는 요구르트, 올리브와 더불어 3대 장수 식품으로 선정되었을 정도로 영양학적 가치가 높은 식품이며, 칼슘, 인, 칼륨, 비타민C와 더불어 비타민U가 들어 있다고 해서 더욱 관심을 끌고 있다. 궤양(ulcer)에 효과가 있다고 해서 비타민U라는 이름이 붙여졌는데, 아직 비타민U에 대한 정보는 많이 밝혀지지 않았다. 위염, 위궤양 등으로 위장이 좋지 않을 때 양배추를 먹는 경우가 많은데, 비타민U는 열에 약하기 때문에 가급적 찌거나 익히지 말고 샐러드나 피클로 먹는 게 좋다. 한방의 관점에서 보면 양배추는 차가운 성질을 갖고 있기 때문에 수유부의 젖몸살, 몸 내부의 열로 발생하는 각종 염증에 사용한다.

고사리-글루탐산

고사리에는 많이 들어 있는 '글루탐산'은 아미노산의 종류로 두뇌의 연료 역할을 하며 인체에 가장 많이 분포하는 아미노산인 '글루타민'과 전환 및 상호작용을 한다. 우리 몸에 단백질이 흡수되면 처리과정을 거치면서 아미노산으로 분해되는데, 이때 질소가 발생한다. 계속해서 질소가 쌓이면 암모니아로 만들어져 뇌나 다른 부위에 독성물질이 생기는데, 글루탐산은 두뇌의 기능을 억제하는 불필요한 암모니아와 결합해서 몸에 유익한 아미노산인 글루타민으로 변환하는 역할을 한다.

양파-케르세틴(quercetin)

양파는 몸의 노화를 막아주는 항산화제가 다량으로 함유된 식품이다. 양파 자체에 위암예방, 혈액응고 억제작용이 있으며, 양파추출물은 항염증작용과 수렴 및 살균작용이 있기 때문에 흉터를 없애주는 연고에 사용하는 경우가 많다.

양파의 색깔이 하얀 이유는 '케르세틴'이라는 천연 색소가 들어 있기 때문인데, 케르세틴은 항산화작용, 소염작용, 면역조절작용, 항암작용, 위 보호작

용, 항알레르기작용, 당뇨합병증 예방작용, 모세혈관강화작용 등 다양한 역할을 한다.

여름의 제철 식품

수박&토마토-라이코펜(Lycophene)

수박은 대부분 수분으로 이루어져 있으며, '아르기닌'과 '시트롤린(citruline)'이라는 아미노산 성분이 이뇨작용을 도와주기 때문에 몸속의 노폐물을 배출하는 작용을 한다. 수박은 칼로리가 낮기 때문에 다이어트에 도움이 되지만, 성질이 차기 때문에 몸이 냉하거나 소화기능이 약한 경우 많이 먹지 않는 것이 좋지 않다. 수박은 비타민C를 파괴하는 효소인 아스코르비나제(ascorbinase)의 활동을 억제하기 때문에 비타민C 섭취에도 아주 효과적이다.

수박과 더불어 토마토에는 '라이코펜'이라고 부르는 생리활성물질이 들어 있다. 항암작용과 항혈전작용을 하기 때문에 암이나 동맥경화 치료 연구에 사용된다. 토마토는 주스 혹은 케첩으로, 수박은 생과일 형태로 먹을 때 라이코펜이 더 많이 흡수된다. 라이코펜은 노화촉진의 원인이 되는 활성산소를 막아준다. 따라서 천연 항산화제 역할을 하므로 암 예방과 동맥경화, 관절염 등에 많이 응용되고 있다.

케일-루테인(Lutein)

녹즙으로 많이 이용되는 케일은 비타민A와 C, 식이섬유, 칼슘 등이 풍부한 채소인데, 가열하면 성분들이 손상될 수 있어서 그대로 먹거나 주스, 녹즙으로 마시는 게 좋다.

케일에는 '루테인'이라는 천연 색소가 풍부하게 들어 있다. 루테인은 망막이나 수정체에 꼭 필요한 물질로 카로티노이드(carotenoid)라 부르는 활성물질에 속하며, 나이가 들수록 점차 수치가 감소한다. 루테인은 황색을 띠는 색소기 때문에 가시광선을 효율적으로 흡수하며, 눈에 일종의 선글라스 역할을 함과 동시에 백내장 예방과 항산화제 효과가 있어 눈의 노화를 막아주는 데 도움이 된다.

비트-라피노스(raffinose)

비트, 즉 사탕무에는 '라피노스'란 천연 올리고당이 들어 있다. 라피노스는 다른 올리고당에 비해 열, 산, 담즙에 강하고 흡습성이 없다는 특징이 있다.

라피노스는 비피더스균의 먹이로 작용하여 몸에 유익한 균을 잘 자라게 해주며 몸에 해로운 균 증식을 억제한다. 그 결과 장 내 환경을 개선해 배설물이 장에 잔류하는 것을 늦추며, 배변을 원활히 하는 데 도움을 준다.

매실–구연산(Citric acid)

장아찌나 진액으로 많이 먹는 매실에는 구연산, 탄닌(tannin), 피크르산, 카테킨(catechin) 등 각종 성분이 포함되어 있다. 그중 '카테킨'은 살균과 해독작용으로 장 내 세균을 제거하고, '탄닌'은 장 내 불순물을 빨아들이는 역할을 해 장염이나 설사, 복통에 많이 이용하고 있다. 또한 '구연산'은 포도당이 에너지를 대사하는 과정에서 젖산이 생성되는 것을 억제하기 때문에 피로회복에 도움을 준다. 그리고 산성으로 변한 혈액을 중화시켜서 신진대사를 활발히 해주는 역할과 함께 노화방지 호르몬인 '파로틴(parotine)'의 대사를 활발히 해주기 때문에 노화예방에도 도움이 된다.

장어-콜라겐

장어에는 '콜라겐'이 많이 들어 있다. 콜라겐은 세포의 지지구조역할을 하기 때문에 우리 몸에 꼭 필요한데, 단백질에 속하기 때문에 채소나 과일에서 섭취하기엔 부족하다.

콜라겐은 관절연골에 탄력을 주고 충격을 줄여주며, 세포의 접착제 역할을 해서 근육을 강화시키고, 몸과 장기의 구조재 부분을 담당하여 내부 장기들을 튼튼하고 탄력 있게 해준다. 또한 세포기능을 활성화해서 피부의 주름 형성을 억제하고 칼슘제와 병용하는 경우 골다공증을 예방하는 데도 도움을 줄 수 있다.

아보카도-글루타치온(Glutathione)

아보카도는 '숲에서 나는 고기'라고 할 정도로 영양분이 풍부하며 과육은 참치회와 비슷한 맛이라 롤 요리로 인기가 많다. 아보카도에는 아미노산 종류인 '글루타치온'이 많이 있는데, 항산화제 역할이 있어 전신의 조직과 세포를 보호하며, 특히 손상되거나 감염된 간을 회복시킨다. 또한 강력한 해독작용으로 방사선으로부터 신체를 보호하고, 과도한 흡연과 음주로 인해 유해물질이 몸에 쌓이는 것을 막아주며, 중금속과 약

물을 해독하는 데 많은 도움을 준다. 따라서 간 기능 개선을 위한 약물로 사용되고 있으며, 부가적으로 관절염과 알레르기를 치료하는 항염증역할에 응용된다.

포도-폴리페놀(Ployphenol)&레스베라트롤(Resveratrol)

포도의 효능을 말할 때 포도주를 빼고 이야기할 수는 없다. 프랑스인은 버터나 치즈 등 동물성 지방이 많은 기름진 식사를 하는데도 불구하고 미국인에 비해 심장병 발생률과 그로 인한 사망률이 낮다. 이 현상을 '프렌치 패러독스(French paradox)'라고 하는데, 바로 포도주에 비밀이 숨어 있었다.

폴리페놀은 원래 포도 껍질에 들어 있는 색소성분인데, 포도를 포도주로 만드는 과정에서 성질이 변하면서 약효를 나타낸다. 따라서 포도 주스나 포도 껍질을 벗기고 만드는 백포도주보다는 적포도주에 많이 함유되어 있다.

적포도주 속 폴리페놀은 비타민C의 20배, 비타민E의 50배 정도의 항산화효과가 있다. 우리 몸에 '엔도텔린(Endothelin)'이 많아지면 혈관에 기름이 쌓이고 혈관 벽에 균열이 나타나는데, 폴리페놀은 엔도텔린이 만들어지는 것 억제하여 심장병을 예방해준다고 한다.

적포도주에서 또 하나 눈여겨봐야 할 성분은 '레스베라트롤'인데 노화를 막는 유전자를 활성화하는 효과가 있다고 해서 동맥경화나 심장질환의 치료제나 항암제 등으로 연구하고 있다.

복숭아-펙틴(pectin)

복숭아에는 비타민 A와 C, 칼륨, 펙틴 등이 풍부하다. 이 중 '펙틴'은 식이섬유의 일종으로 오렌지, 레몬, 자몽, 사과 등에도 많이 함유되어 있다. 변비나 설사에 도움을 주며 콜레스테롤 강화와 항암작용도 알려졌다.

가을의 제철 식품

쌀-옥타코사놀(octacosanol)

흔히 밥심으로 산다고 할 만큼 쌀은 에너지원으로 매우 중요하며, 탄수화물, 단백질, 지방, 식이섬유 등 여러 가지 영양분이 포함되어 있다. 그중 '옥타코사놀'은 아주 적은 양으로도 우리 몸에서 생리작용을 발휘하는 물질이며, 철새들이 이동할 때 주 에너지원으로 이용된다.

옥타코사놀은 우리 몸에 필요한 에너지를 포도당 형태로 모아두는 글리코겐의 저장능력을 높이고 필요할 땐 글리코겐을 빠르게 분해하여 에너지를 생성시키기 때문에 각종 운동이나 힘든 일을 하고 난 후 피로를 회복하는 데 도움을 준다. 지구력 증진에도 도움을 주며 콜레스테롤을 분해하는 역할이 있어서 고지혈증 개선이나 혈액순환에도 도움이 된다고 알려졌다.

은행-깅고플라본(ginkgoflavone)

은행은 열매로도 많이 먹는데 특히 은행잎에서 추출한 성분은 혈액순환제로 많이 출시되고 있다. 은행잎에는 '깅고플라본'이라는 천연 항산화제가 포함되어 혈관 벽을 튼튼히 하고 혈액이 끈적끈적해지는 것을 막아주는 역할을 하여 주로 어지러움, 두통, 기억력감퇴와 퇴화, 치매, 이명 등에 적용한다. 또한 말초혈액순환작용을 하며 특히 몸의 상부, 두뇌 쪽에 탁월한 효과를 나타낸다. 은행 날것에는 청산배당체라는 독성 성분이 있기 때문에 주의해야 하며 구우면 독성이 완화된다.

게-키토산(chitosan)

게 껍데기에는 '키토산'이라는 탄수화물이 포함되어 있다. 키토산은 새우, 게 등 갑각류의 껍데기나 버섯류나 곤충류 표피 세포벽의 구성성분이며, 식물에서는 지지체와 보호역할을 한다. 키토산은 콜레스테롤을 개선하기 위한 물질로 가장 많이 사용하고 있으며, 항균작용과 면역력 증강작용도 잘 알려졌다. 최근에는 다양한 신 기능성 소재로도 주목받고 있는데, 유해물질이나 중금속을 흡착시킨다고 하여 의약품이나 공업 분야에도 응용되고 있다.

키토산은 칼슘과 결합하여 몸 밖으로 칼슘을 배출하기 때문에 뼈를 약화시킬 수 있으니 너무 많이 먹지 않도록 주의해야 한다.

구기자-베타인(betaine)

예로부터 구기자는 한약재로 널리 사용되어 간장과 신장 기능을 개선하는 데 많이 쓰였다. 잎이나 열매로 차를 달여 마시거나 술에 담가 먹기도 한다. 구기자에는 '베타인'이라는 성분이 들어 있어서 몸의 피로를 풀어주는 강장효과가 있다.

우리 몸의 해로운 아미노산 중 대표적인 것이 '호모시스테인'이다. 호모시스테인이 과다해지면 뼈를 약화시켜서 골절을 유발한다거나 혈관을 파괴해서 혈전을 형성시키기 때문에 뇌졸중이나 심장병 발생을 높이기도 하고, 중추신경을 파괴해 치매나 알츠하이머를 일으킬 수도 있다. 호모시스테인을 줄일 수 있는 성분이 비타민B_6, B_{12}, 엽산과 더불어 구기자에 들어 있는 베타인이다. 베타인은 간에 좋은 아미노산인

'메티오닌'을 만들어주므로 간의 해독작용을 돕고 간에 지방이 쌓이는 걸 막아주기 때문에 간질환 치료제나 예방제로 사용되고 있다.

마-디아스타아제(diastase)&아밀라아제(amylase)

마는 한방에서 산약이라고 하며 뿌리 부분이 약재로 널리 이용되었다. 마는 식이섬유와 미네랄이 많은 알칼리성 식품이며, '디아스타아제'와 '아밀라아제'라는 소화제 성분으로 위장이 약할 때에 효과가 좋다. 마에 있는 디아스타아제와 아밀라아제는 탄수화물을 소화시키는 역할을 해주기 때문에 한정식의 주요 메뉴로 사용하고 있다.

송이버섯-구리

추석 무렵 소나무 숲에서 채취하는 송이버섯은 특유의 향으로 입맛을 돋우는 역할을 한다. 그리고 위와 장을 기능을 도와주고 몸의 기운을 살려 자양강장제로도 사용한다. 송이버섯에 풍부한 구리는 철분의 흡수와 이동을 돕고 저장된 철분이 헤모글로빈 합성장소로 이동하는 데 중요한 역할을 담당한다. 또한 구리는 우리 몸에서 여러 가지 효소를 만들 때 각종 신진대사를 활발하게 해주며 노화를 막아주는 항산화 효과로도 유명하다.

겨울의 제철 식품

우엉-아르기닌

우엉은 '식이섬유의 보고'라고 할 만큼 식이섬유가 풍부해서 장에 도움을 주고 고기와 궁합이 잘 맞는 뿌리채소며, '아르기닌'이라는 아미노산이 포함되어 있다. 아르기닌은 성장호르몬 분비를 촉진해 신체발육에 도움을 주고, 독성물질인 암모니아를 중화시키는 해독작용을 한다. 또한 흉선(胸線)을 자극해서 면역기능을 강화시키고 상처 치료를 도우며, 정자 숫자를 늘려서 남성의 생식능력을 향상시킨다. 또한 콜레스테롤 수치를 낮추고, 혈당 과다로 인한 노화현상을 줄여준다. 간장약으로도 출시되는 성분이다.

해삼-콘드로이틴(chondroitin)

동양에서는 해삼을 인삼과 맞먹는다고 해서 '바다의 인삼'이라고 부르며, 오이하고 모양이 닮아서 영어로는 'sea cucumber(바다에서 나는 오이)'라고 부른다. 해삼에는 관절에 좋다고 잘 알려진 '콘드로이틴' 성분이 많이 함유되어 있다.

관절에 있는 연골은 외부의 충격을 흡수하는 스펀지 역할을 하는데, 연골 자체는 혈액이 통하지 않는 부위라 연골 주변에 특정한 물의 형태로 존재하는 활액(synovia)으부터 영양분을 공급받고 있다. 콘드로이틴은 연골에 물을 끌어들이고 보유하는 특성이 있으며 연골을 파괴하는 효소나 연골과 연결된 영양분 이동통로를 끊으려는 효소의 작용을 억제하며, 새로운 연골을 만드는 데 필요한 물질인 콜라겐과 프로테오글리칸(proteoglycan)의 생성을 촉진한다. 따라서 관절 연골을 보호하고 재생하는 데 탁월한 효과가 있으며 '글루코사민(Glucosamine)'과 효능이 유사하다.

당근-베타카로틴

베타카로틴이 몸속에 들어오면 비타민A로 변하는데 이 물질을 프로비타민A(ProvitaminA)이라고 부른다. 베타카로틴 분자 하나는 우리 몸에서 비타민A 두 분자로 나눈다. 따라서 베타카로틴도 중요한 비타민A 공급원이며, 시력보호와 항산화작용을 한다. 당근이 눈에 좋은 이유는 당근에 풍부하게 들어 있는 베타카로틴이 망막세포의 재생에 결정적인 역할을 하기 때문이다.

베타카로틴은 세포가 산화되어서 손상되는 것을 막아주기 때문에 우리 몸을 건강하게 유지해주므로 최근에 출시되는 항산화영양제에 대부분 포함된다.

시금치-마그네슘

시금치는 녹색 채소기 때문에 엽산이 풍부하며, 베타카로틴이 많아 뇌 활동을 활발하게 해준다. 또한 마그네슘이 많이 든 채소로도 유명하다.

마그네슘은 뼈와 치아를 튼튼하게 하는 데 도움을 주기 때문에 신경이나 근육의 기능이 저하되었을 때 꼭 필요한 영양소다. 우리 몸의 세포는 칼슘과 마그네슘의 비율이 2 : 1로 맞춰질 때 가장 건강한 상태가 되므로 이 두 성분은 일종의 단짝이라 할 수 있다. 또한 마그네슘은 스트레스를 완화하는 작용이 탁월하기 때문에 시금치를 먹으면 천연신경안정제 역할을 해 긴장을 풀어주고 숙면을 취하는 데 도움을 줄 수 있다. 시금치는 나물로 데치는 것보다 볶을 때 영양소가 덜 파괴된다.

브로콜리-인돌(indolel), 설포라판(Sulforaphane)

무, 배추, 양배추, 브로콜리, 케일, 냉이, 겨자 등은 잎이 십자 모양을 이룬다고 해서 십자화과(十字花科) 채소라 부른다. 십자화과 채소는 항암작용이 뛰어나기 때문에 암을 예방하는 대표적인 식품으로 인기가 높다. 그중 브로콜리는 암을 예방하는 효과와 함께 위와 장의 병균을 제거하는 역할도 있어 위장 기능이 좋지 않을 때 양배추와 함께 먹는 경우가 많다. 또한 브로콜리는 비타민A, C와 플라보노이드, 칼슘이 많이 들어 있기 때문에 피멍이 자주 드는 경우에도 효과가 뛰어나며 항암작용, 항산화작용, 항혈전작용을 하는 '인돌'과 세포를 자극해 항암효소를 만들어내고 위장의 병균을 제거하는 '설포라판' 성분이 포함되어 있다. 이 두 성분은 이소치오시안화합물(isothiocyanate)이라고 부르는데, 항암작용, 과도한 호르몬 제어, 해독작용으로 활발한 연구가 이루어지고 있다.

굴-아연

아연이 많이 들어 있는 식품으로는 밀 눈, 호박씨, 해바라기씨 등이 있으며, 굴이 으뜸이다.

아연은 성장호르

몬을 촉진하고 남성의 정자운동에 관여해 불임치료에 사용되며, 전립선이 정상으로 기능을 하는 데 중요하다. 또한 감기를 완화하고 회복을 빠르게 하며 입맛을 회복시키는 데도 도움이 된다. 그리고 빠른 상처치유를 도와주고 손톱의 하얀 반점을 제거하며, 체액의 산과 알칼리의 균형을 맞춰주고 DNA, 인슐린, 단백질을 합성하며 항산화역할도 담당한다.

바나나-세로토닌

바나나에 풍부한 '세로토닌'은 교감신경이나 부교감신경이 흥분되었을 때 차분히 가라앉히는 작용을 하고 잠이 잘 오게 하는 호르몬인 '멜라토닌(melatonin)'을 생성한다. 또한 세로토닌은 갱년기 때 체온을 조절하고 우울증을 완화해주며 식욕을 조절하는 등 뇌, 혈관계, 위장뿐만 아니라 신체의 많은 부분과 밀접하게 관련 있는 호르몬이다.

기타 식품

두충-제니포시드산(Geniposidic acid)

두충(杜沖)잎은 차로 많이 마시는데, 카페인이 없기 때문에 위장에 부담이 덜하고 쓴맛을 나타내는 탄닌 성분이 없어 시간이 지나도 맛있게 먹을 수 있다. 두충잎에는 제니포시드산이 많이 포함되어 있어 동맥의 근육을 자극시켜 혈관을 확장하므로 천연의 고혈압약이다. 또한 콜라겐의 대사를 촉진하기 때문에 피부에도 좋은 효과를 기대할 수 있다. 이뇨작용, 면역강화 등 다방면에 응용되고 있다.

홍국(Red yeast rice)-모나콜린K(Monacolin K)

홍국은 붉은 효모로 발효시킨 쌀로 '국(麴)'은 누룩을 뜻한다.

콜레스테롤 저하제로 가장 많이 처방하는 의약품 중 스타틴(statin) 계열이 있는데 홍국 안에는 스타틴계 약물로 유명한 로바스타틴(Lovastatin)의 주성분이 되는 '모나콜린K'라는 활성성분이 들어 있다. 다만 홍국에 들어 있는 모나콜린K의 함량은 시판되는 치료약에 비해선 훨씬 적다. 아마도 홍국에 들어 있는 식물스테롤, 이소플라본 등 여러 성분이 다양하게 조합되어 그런 작용이 이루어지는 것이 아닐까 추측한다.

벌꿀-프로폴리스(propolis)

흔히 '프로폴리스'를 벌꿀에 들어 있는 성분이라고 하는데, 정확하게는 벌집의 구성 원료다. 프로폴리스는 'pro(앞)'와

'-polis(도시)'가 합쳐진 단어로 '벌집을 방어한다'라는 의미가 있다. 프로폴리스는 나무의 진이나 꽃, 잎 등에서 분비되는 물질과 꿀벌의 침에서 나오는 효소가 결합하여 만들어지는 천연물질로 항생제·소염제·진통제 역할을 하며, 항균, 항바이러스 작용을 하므로 예로부터 상처치료에 많이 이용되었다. 체내에서 항산화물질인 SOD(Superoxide dismutase)를 활성화해 각종 성인질환을 예방할 수 있다.

알로에-알로인(Aloin)&알로신(Alosin)

알로에에 포함된 '알로인'은 위장병에 효과가 있으며, '알로신'은 변비완화작용을 한다. 또한 강력한 염증억제효과가 있기 때문에 항염증, 항알레르기효과를 기대할 수 있고, 혈액순환 및 혈관 벽의 유연성을 개선한다고 해 동맥경화, 치질 예방과 증상개선에 연구되고 있다. 또한 멜라닌 색소가 과잉으로 생성되고 침착되는 것을 억제하므로 미백 등 피부미용 효과도 기대된다. 바르는 형태의 알로에 제품은 외부로부터 피부에 침투하는 이물질을 막아주고 수분 발산을 억제해서 화상, 상처치료에도 많이 쓰인다.

스피루리나(Spirulina)-피코시아닌(phycocyanin)

스피루리나는 단백질, 탄수화물, 지방, 비타민, 미네랄 이외에도 감마리놀렌산, 항산화제 종류인 카로티노이드, SOD, 클로로필, 피코시아닌 등이 골고루 있어 주목받고 있다. 특히 '피코시아닌'은 푸른빛을 띠는 색소 단백질로서 담즙같이 지방의 소화를 도와주고 항산화활성작용을 한다. 스피루리나는 클로렐라보다 세포벽이 얇고 부드러워서 훨씬 더 소화흡수가 잘된다고 한다. 또한 지방 연소를 촉진하는 기능과 식욕을 감소시키는 효과도 있어 체중감량에 인기가 높으며, 면역기능을 높여주는 작용으로 관절, 간 회복, 항암치료에도 널리 이용되고 있다.

아사이 베리(Acai berry)-안토시아닌(anthocyanin)

최근 들어 스트로베리, 블루베리, 크랜베리, 라즈베리, 빌베리 등 베리류가 항산화제로 매우 주목받고 있다. 그중 아사이 베리는 아마존 강이나 고지대에서만 자라는 아사이 야자나무의 열매인데, 다른 베리류는 당분이 많아 단맛이 강한 것에 비해 아사이 베리는 당분의 함량이 매우 적어 단맛이 거의 나지 않고 당뇨가 있는 경우 항산화제 목적으로 사용할 수 있다.

소나무-MSM(methyl sulfonyl methane)

솔잎에는 'MSM'이란 성분이 포함되어 있고 체내에서 분해되어 유황을 공급하는데 이 유황은 체내불순물을 제거하고 관절을 건강하게 하는 필수요소가 된다. 일반적인 진통제의 작용원리와 달리 관절의 통증을 일으키는 원인을 개선해주는 역할로 글루코사민과 함께 관절염치료에 많이 응용되고 있다. 또한 소나무 껍질에는 항산화작용을 나타내는 '피크노게놀(Pycnogenol)'이란 성분이 들어 있는데, 혈액의 흐름을 원활히 하고 염증을 제거하며 심혈관계질환예방에 도움이 된다고 알려졌다.

밀크 시슬(Milk Thistle)-실리마린(silymarin)

요즘 많이 주목받는 밀크 시슬은 국화과 식물로 유럽산 엉겅퀴라 생각하면 된다. 유럽에서는 예로부터 독버섯을 먹었을 때나 화학물질에 노출되었을 때 간을 보호하기 위해 이용되었다. 밀크 시슬의 씨·잎·줄기는 '실리마린'이라는 간보호제가 함유되어 있다. 실리마린은 유해산소작용을 억제해서 간세포 파괴를 지연시키는 항산화작용을 하며, 세포막안정화작용이 있어 간 건강에 도움이 된다.

아마씨-리그난(Lignan)

아마씨는 식물성 오메가-3가 많이 함유되어 있다. 식이섬유가 풍부하여 변비를 개선하는 효과가 있고, '리그난'이라는 식물성 에스트로겐 성분이 들어 있어 안면홍조 등 폐경기 증상을 완화한다. 또한 전립선 건강에 도움을 주며 장 속에서는 유산균의 영향으로 부작용이 없는 천연항암물질인 엔트로디올과 엔트로락톤이라는 성분으로 바뀐다.

귀리-베타글루칸(betaGlucan)

오트밀에 많이 있는 귀리는 비타민B, E, 철분 등 다양한 영양소가 골고루 포함되어 있는데, 특히 '베타글루칸'이라는 성분이 유명하다. 베타글루칸은 탄수화물 종류에 속하는데, 면역세포의 기능을 활발하게 하는 인터페론(interferon) 생성을 촉진하고 세포조직의 면역기능을 활성화하여 암세포의 증식과 재발을 억제한다. 따라서 항암치료에 많이 사용되며 중성지방인 콜레스테롤을 낮추고 혈당을 안정시키는 데 도움이 된다. 또한 항균, 항진균, 항기생충역할 등 각종 항염 작용이 있다.

보리 새순-SOD

보리의 새순에는 SOD가 많이 들어 있다. SOD는 강력한 산화방지효소로 우리 몸에 있는 활성산소를 제거하는 역할을 한다. 우리 몸에서 아연, 구리, 망간 등의 미네랄을 사용하려면 SOD가 필요하며, 이들이 제대로 공급되지 않으면

SOD도 활동하지 못하기 때문에 서로 상호보완작용을 한다. 따라서 최근 항산화역할로 주목받고 있으며, 주름을 개선하는 효과가 알려져 많은 연구를 하고 있다.

인삼&홍삼-진세노사이드(Ginsenoside)

인삼과 홍삼의 주성분은 '진세노사이드'며 다양한 성분의 복합체인데, 생리학적 활성이 가장 강한 건 진세노사이드R_{g1}, R_{b1}이다. 따라서 R_{g1}과 R_{b1} 함량이 얼마나 많이 들어 있느냐가 선택 기준이 된다. 인삼과 홍삼은 면역력 증진과 피로회복이라는 공통된 효능이 있으며, 홍삼은 혈소판이 응집되는 것을 억제하는 효과도 있어 혈액이 원활하게 흐르는 데 도움이 된다. 이외에 간 기능 활성화, 간 보호 작용, 혈당과 혈압강하 등에 사용되고 있다.

파파야-파파인(papain)

요리할 때 고기를 연하게 하기 위해 파인애플을 많이 쓰는데, 이는 '브로멜라인(bromelain)'이라는 단백분해효소가 있기 때문이다. 외국에서는 '파파인'이라는 단백분해효소가 있는 파파야를 많이 사용한다. 파파인은 일종의 소화제 역할을 하는데 소염작용도 있어 각종 염증의 치료에 사용되며 천연 제산제로 속이 쓰릴 때 도움이 될 수 있다.

강황-커큐민(curcumin)

카레가 노란색인 이유는 주재료인 강황 때문이다. 강황에는 '커큐민'이란 강력한 산화방지성분이 있는데, 염증을 치료해 외국에서는 류머티스성 관절염에 사용된다. 또한 혈중 콜레스테롤을 낮춰 오래전부터 민간요법으로 간을 회복시키는 약초로 쓰였다. 외형상 강황과 비슷하게 보이는 울금(鬱金)은 사실 다른 종류지만 커큐민 성분이 포함되어 있다.

과라나(Guarana)-카페인(caffeine)&과라리나(guaranina)

아마존 원시림 정글에서 자라는 과라나는 천연 형태의 '카페인'이 함유되어 있다. 카페인을 과다하게 섭취할 경우에는 소화기장애, 불면, 불안, 흥분, 과민증, 잦은 소변 배출, 이명, 근육경련, 두통, 현기증 등 각종 부작용이 발생할 수 있지만, 적정량을 복용한다면 몸에 이로운 역할도 하므로 의약품으로 많이 사용된다. 카페인은 뇌세포의 기능을 도와 인지능력을 향상시킨다. 또한 근육 대사와 배뇨를 촉진하고 노폐물을 제거하는 역할도 한다. 과라나는 혈액순환과 뇌 활동을 촉진하는 '과라리나'란 성분도 있어 과라나 추출물을 이용한 제품도 출시되고 있다.

상어간유-알콕시글리세롤(Alkoxylycerol)

상어의 간에서 채취한 기름인 상어간유는 면역력 증진 효과가 있다. 알콕시글리세롤은 모유, 비장, 골수에 미량으로 분포되어 있으며, 인체의 골수세포를 자극하여 백혈구나 혈소판 등 인체 면역인자의 생성을 촉진해 신체 저항력을 높인다. 특히 상어에는 다른 동물에 비해 알콕시글리세롤이 1,000배 정도 함유됐다. 감기, 천식, 염증 등에 응용되며, 장내 유익한 세균의 생성을 원활히 하는 효과도 있다.

요구르트-프로바이오틱스

우리 몸에 이로운 균들을 통칭하여 '프로바이오틱스'라고 하며, 요구르트, 김치 등 발효식품류에 풍부하다. 장 내에서는 유산균 같은 이로운 균과 대장균 같은 해로운 균이 서로 균형을 이루는데, 약물이나 스트레스, 질병 등의 원인으로 인해 유해균이 증식하여 밸런스가 깨지면 각종 이상증세가 나타난다. 프로바이오틱스는 젖산을 생성하여 장 내 환경을 산성으로 만드는데, 이때 산성 환경에 약한 유해균들의 수가 감소하여 장을 건강하게 만들어준다. 따라서 프로바이오틱스는 변비나 소화불량 등을 개선한다. 면역력 강화 등에도 많이 사용되고 있다.

참고문헌

김종석, 『건강기능식품 가이드』, 신일상사, 2002.
정동효, 『건강기능식품 정보사전』, 신일북스, 2007.
정종호, 『꼭꼭 씹어 먹는 영양이야기』, 종문화사, 2001.
박용우 외 3인, 『내 몸에 맞는 영양제는 따로 있다』, 넥서스, 2010.
얼 L. 민델, 『비타민 바이블』, 이젠, 2006.
정비환, 『영양제 119』, 부키, 2011.
진현석, 『Love Love 분유 이야기』, 랜덤하우스, 2009.

큰글자 살림지식총서 095

비타민 이야기 우리 몸에 필요한 영양소들

펴낸날 초판 1쇄 2013년 11월 20일
초판 3쇄 2018년 10월 26일

지은이 김정환
펴낸이 심만수
펴낸곳 (주)살림출판사
출판등록 1989년 11월 1일 제9-210호

주소 경기도 파주시 광인사길 30
전화 031-955-1350 팩스 031-624-1356
홈페이지 http://www.sallimbooks.com
이메일 book@sallimbooks.com

ISBN 978-89-522-2802-4 04080
978-89-522-3549-7 04080 (세트)

※ 값은 뒤표지에 있습니다.
※ 잘못 만들어진 책은 구입하신 서점에서 바꾸어 드립니다.